HIDDEN IN PLAIN SIGHT

大卖点

如何创造颠覆未来的非凡产品和商业模式

[美] 简·奇普蔡斯（Jan Chipchase）
西蒙·斯坦哈特（Simon Steinhardt） ◎著
苏 西 冯明珠 ◎译

四川人民出版社

图书在版编目（CIP）数据

大卖点：如何创造颠覆未来的非凡产品和商业模式 / [美] 奇普蔡斯，[美] 斯坦哈特著；苏西，冯明珠译．—成都：四川人民出版社，2015.2

书名原文：Hidden in plain sight: how to create extraordinary products for tomorrow's customers

ISBN 978-7-220-09372-2

Ⅰ．①大…　Ⅱ．①奇…　②斯…　③苏…　④冯…　Ⅲ．①产品销售－商业模式－研究　Ⅳ．① F713.3

中国版本图书馆 CIP 数据核字（2014）第 303270 号

Hidden in Plain Sight: How to Create Extraordinary Products for Tomorrow's Customers by Jan Chipchase with Simon Steinhardt

Copyright © 2013 by Jan Chipchase with Simon Steinhardt
Simplified Chinese Edition Copyright © 2015 by **Grand China Publishing House**
Published by arrangement with HarperBusiness, An Imprint of HarperCollins Publishers, through Bardon-Chinese Media Agency.
All rights reserved.

No part of this book may be used or reproduced in any manner without written permission except in the case of brief quotations embodied in critical articles or reviews.

本书中文简体字版通过 **Grand China Publishing House（中资出版社）**授权四川人民出版社在中国大陆地区出版并独家发行。未经出版者书面许可，本书的任何部分不得以任何方式抄袭、节录或翻印。

四川省版权局著作权登记 [图进]21-2014-161

DA MAI DIAN

大卖点

杨·奇普蔡斯　西蒙·斯坦哈特　著
苏　西　冯明珠　译

执行策划	黄　河　桂　林
特约编辑	宋金龙
责任编辑	谢　寒　韩　波
封面设计	零创意文化
责任校对	蓝　海
责任印制	王　芳

出版发行	四川人民出版社（成都槐树街 2 号）
网　　址	http://www.scpph.com
E-mail	sichuanrmcbs@sina.com
新浪微博	@四川人民出版社官博
发行部业务电话	（028）86259457　85259453
防盗版举报电话	（028）86259457
印　　刷	深圳市汇亿丰印刷科技有限公司
成品尺寸	166mm × 239mm
印　　张	14
字　　数	174 千字
版　　次	2015 年 2 月第 1 版
印　　次	2015 年 2 月第 1 次印刷
书　　号	ISBN 978-7-220-09372-2
定　　价	39.80 元

■ 版权所有·侵权必究
本书若出现印装质量问题，请与我社发行部联系调换
电话：（028）86259453

权威推荐

蒂姆·布朗

IDEO设计公司CEO，为苹果电脑设计了第一只鼠标

简·奇普蔡斯是观察与聆听的大师，他最擅长的就是从人们的日常行为中发现他们如何做出购买决策。我向所有读者强烈推荐这本书，无论你是否从事设计研究行业，这本书都将帮助你更好地认识世界。

罗伯·索德贝利

思科（Cisco）高级副总裁

创新的本质就是为明天的客户创造非凡的产品，本书以前瞻性的视角带你发现什么才是明天的客户最需要的产品。作者简·奇普蔡斯不愧为设计研究界的奇才。

《财富》杂志（*Fortune*）

对于这个科技高速发展的世界而言，简·奇普蔡斯就是“夺宝奇兵”印第安纳·琼斯。

《快公司》（*Fast Company*）

简·奇普蔡斯是设计研究界的詹姆斯·邦德。

目 录

前言

如何为明天的顾客创造非凡产品

或许你觉得我的工作充满了冒险情节和异国风情，甚至还有点古怪离奇，但说到底，我不过是想搞清楚人们行为背后的动机而已。

我的大部分工作是去寻找并解读那些在绝大多数人看来理所当然的小事，许多世界上最杰出的企业都愿意花大价钱去弄明白一些小事。由于工作需要，我会在周日到犹他州的教堂做礼拜；在东京郊区的大型 DIY 商场过道里漫步；在破晓时分起床，记录下城郊的街道如何在晨光中醒来，将自己的样貌一点点展现。

另一些时候，我把眼光转向极端的情况和未来，参加一些能帮我深入理解某些“异类行为”的活动，或许有一天，这些行为就会变成主流。例如，我会从马来西亚的高利贷者手中借钱；在遥远的沙漠地区被警察拘留之后，努力沟通，摆脱困境；在乌干达首都坎帕拉的交通高峰时段里骑摩托车；或是口袋里塞满现金，在里约热内卢犯罪风险最高的几条街上闲逛。

就像绝大多数事情一样，风险是相对的。

我个人认为，与在阿富汗首都喀布尔询问一把二手 AK-47 自动步枪的售价相比，在上海陪女士逛鞋店可能更危险。因为只要你在鞋店里做出任何要拍照的举动，保安就会过来找你，他们会以为你是竞争对手，打算抄袭店铺的设计。然而在喀布尔，手持 AK-47 的人不会理会带着相机的老外，在大家眼中，那些枪支做工精细，虽然是仿制品，但是不缺市场，不怕抄袭。

我的工作有着无限的魅力。我曾花了一天时间躲避卫兵，在玛雅神庙顶睡了一觉之后，在美得惊心动魄的晨曦中醒来；我也曾把自行车绑在椰子树做成的小船上，在热带雨林中顺流而下。当你热爱自己所做的事情，也明白这些事对那些不惜挥金如土的客户多么重要时，工作和玩乐之间的界线就十分模糊了。

我通常会随身携带一部相机。最近这段时间我带的是一个大块头——佳能 EOS 5D Mark II 套机，它的性价比非常高，我已经用它记录下了成千上万个瞬间。这些照片可以留给后来人作分析之用，也可以供团队成员、客户、研究部门的同事们使用。我不是专业摄影师，但可以说是个专业观察家，专门观察那些平淡无奇的事物。

在我的旅途中，大多数时间我都在观察普通人使用的普通物件，看他们做着普通的事情：摆弄手机、从钱包里掏出信用卡或现金、给汽车加油等。这些再普通不过的情景，大多数人都视而不见，但我却能从中找到设计的灵感，为客户发现一个隐藏着的全球市场。我努力寻找能给予客户独一无二竞争优势的机会，无论我的客户经营的是技术含量很低的肥皂，还是走在技术尖端的无线网络。有些机会背后的动力是利润，有些则是利润与愿景的结合，例如希望能够解决世界上某些最急迫的社会问题——医疗问题、教育问题和收入问题。

在大多数环境中，我看到普通人不以为意的东西，这恰恰是人类行为背后的动机。我经常问自己：“为什么他们要那么做？为什么是以这种方式？”

找到下一个技术发展的“大拐点”

如果想理解他人，你不但要了解他们在野外和自然状态下的行为，还要了解他们在这个喧嚣社会中的行为。

我非常尊敬学术型研究者，他们设计并执行缜密的实验，不断调整一个或几个变量，密切关注结果的变化，他们的研究成果为我的工作奠定了坚实的基础。但我跟学术一向没什么缘分，不喜欢用传统的方式看问题，而且我发现，想把消费者的种种心理变化硬塞进干巴巴的学术文章，压根就是不可能的事。

我的工作（以及这本书的任务）就是寻找隐藏在表象之下的线索，从而以更有条理的新视角来观察世界，然后运用这个新视角来强化人际关系，解决某些非常棘手的问题，更好地满足消费者，或是发现一个更美好的世界。

从商业的角度来看，地球上有多少个人，我们就有多少个改变视角的理由。**为了看清大局，你需要具备在任何地方近距离审视有限细节的能力**。从东京车站到黎巴嫩首都贝鲁特的一家咖啡馆，再到喀布尔的一间教师公寓，互联网和现代的物流供应链让世界上的每个人都有可能成为你的客户，但如果你不努力找出他们是谁、他们想要什么以及他们对产品的不同要求，你就会错失良机。

并不是人人都想要同样的东西，也不是人人都买得起同样的东西，但是人们的欲望会令你大吃一惊。世界上约有 80% 的人每天的生活费不足 10 美元，可全球拥有手机的人超过 50%。

这组数据反映出发展中国家的购买力，同时也说明，手机这种极具诱惑力的科技产品能够重塑全球市场。在这本书中，你会看到我频繁地提到手机，部分原因是我的大部分从业经历都来自通信行业。但最主要的原因是，手机是便利个人化沟通方式的最明显体现，而这种沟通方式是近代最具威力的颠覆力量。这种颠覆或许不再带有激进的味道，但是一个人只需从口袋里掏出一个设备，动动手指，就能随时随地立即找到另一个人；而且他还有选择权，可以决定是公开打这通电话，还是私下进行。这种能力已经彻底改变了人类的沟通方式。

按下吊灯开关的时候，你不会去想有多少种因素令这盏灯顺利地亮起：房间需要布线，做灯罩需要模具，人们制造出灯泡，还进行了无数的实验，并且最终确定整个城镇的用电标准。此外，人们还要发电并储存和传输电力。在没有开灯的黑屋子里，你会觉得有些事情比弄懂灯为何会亮起重要得多，比如不要被茶几绊倒。

按下开关的时候，你并没想到“科技”这个词，事实上你也无须想到它。只要产品设计得还不错，或者说可以正常工作，你就用不着想那么多。尽管科技领域一派生机勃勃的景象，但只有一小群人有那份耐心，愿意容忍和尝试被大多数人视为“尚未准备好”的东西。从消费者的角度来看，对于多数产品而言，如果现行的标准足够好，为什么还要浪费时间去试用不知道好不好用的新产品呢？

让我们继续讨论刚才提到的“科技”这个词。在我职业生涯的许多时刻，包括在诺基亚东京研究中心担任首席科学家期间，我深深地迷上了前沿科技，也对技术专家产生了极大的兴趣。这些人的工作就是把一切事物的边界不断地向外扩展，从锌锰电池到燃料电池，从面对面的展示手段到无线互联的崭新展现形式。

我为世界上许多最杰出的科技与工程公司服务过，这些公司给予我购买最新科技产品的权利，其中有些科技产品很多人都还没有见过。我也可以去世界上一些科技最发达的城市工作，到某些处于时尚前沿的地区旅行。为了做好这份工作，我需要绘制一张地图，标明尖端科技分布在哪些地区，以及未来要往何处发展。

然而，当我想到“科技”这个词的时候，我指的不仅仅是电子产品或是相关服务。**我对“科技”的定义更为宽泛，它包括对新事物的觉察与接受新事物的能力，以及在消费者眼中，某种科技产品的价值有多高，它的价值如何在真实世界中体现等。**

在这本书中你还会看到，我对另一个主题也很感兴趣：一旦某种科技产品被推向大众，我们对它用途的假设将出现怎样的变化。虽然越来越多的产品都装上了电池和显示屏，具备上网或无线传输功能，但科技的概念并不局限于此。在历史上，铁煎锅、机械手表、铅笔等都曾经是现代科技的代表。当人们对这些东西的功能习以为常，认为它们的制造过程不足为奇，并以为它们会永远存在的时候，这些东西就会开始悄悄退出人们的视线。

每一项进入市场的新科技产品都会附带使用说明书，但是，唯有它被人们实实在在地用过以后，它的用途才会定型。影响用途的因素包括使用环境、使用者的个性、动机和收入。有些技术手段会在不断进化的过程中遇到一个里程碑式的关键节点，此时，新的使用方法迅速涌现，人们也有了更多接纳它的理由。对于电子邮件或即时聊天工具来说，这个关键点就是网络的普及。越来越多的人接触网络，让这些工具的用途变得越来越广，然后这又吸引来更多的人上网。

对于一个实体科技产品来说，比如手机，一些人认为其关键点可能是机身变小、便携性提高；在另外一些人看来，关键点可能是待机时间延长、机身更坚固，或是价格更便宜。新用户、新背景、新的使用方式，这些因素都会导致新行为模式的出现，随即改变我们对“科技是什么？未来会怎样发展？”的预期。

有些企业喜欢把尚在实验阶段的科技产品先推向市场，看看大部分用户或市场中的一小群人，比如早期试用者会有什么样的反应。像中国、日本、韩国这类遍布工厂的国家，往往乐于在市场上多做实验，因为把产品推向市场并随后完善设计的成本相当低廉。以我对日本电子产品市场的观察，许多产品是针对日本市场先行推出的，等产品更新到第三代，足够成熟了，才会进入要求更苛刻的国际市场。已经拥有巨大影响力的企业更重视自己的声誉，它们对新产品的态度会更为保守，不愿令现有的客户群失望。

有些西方人认为，产品背后的科技手段会逐渐淡出人们的视线，当我们觉察不到某件产品蕴含的科技时，就说明这些科技已经隐入了环境。例如，坏掉的烤面包机是需要换个零件还是直接报废？打印机不工作是需要更换墨盒还是大修？他们并不十分在意。但在世界上绝大多数地方，这些产品的使用率不仅非常高，而且很可能会被用至极限。正是由于受资源所限的消费者比较多，这些人才会更加审慎地考虑折旧费用的问题。

结果就是，随着社会文化水平的不断提高，消费者对产品越来越了解。我曾经花费数年时间去追踪“维修文化”在世界各地的发展和变迁状况。从阿富汗到印度，从尼日利亚到印度尼西亚，我去考察人们如何获得维修方面（即便是最复杂的科技产品）的知识、技能和意识。并不是这些地区的人们格外喜欢了解科技，而是他们必须了解，必须去探索如何充分利用科技，这已经成了一种重要的生存技能。我随后会在书中讲到，**对科技的高水平认知，会让人们想出与设计初衷完全不同的使用模式，创造更大的商机。**

为了更深入地了解人们共享某件通信工具（主要是手机）的程度，2006 年我去了乌干达的首都坎帕拉（Kampala），那里只有 4% 的人拥有手机，却有 80% 的人在使用手机。在我的手机制造商客户看来，这个问题的答案会影响到他们的新产品开发策略。我在当地调查了一个名为“村村通”(Villiage Phone) 的新服务项目，它可以为当时尚未覆盖移动信号的乡村地区提供通信服务。这个项目由多方合作开发，包括美国格莱珉基金会 (Grameen Foundation)、当地的小额信贷机构以及移动通信运营商 MTN、设备提供方诺基亚和三星。

这个项目本身已经很有趣了，但让我更为惊愕的是，我亲眼见证了一种比世界其他任何地方都先进的手机使用方法。当地人创造了手机银行业务，这并非开发者的初衷，他们也并未针对手机银行提供专门的服务。

乌干达的首都坎帕拉是一个热闹的都市，人口超过 140 万。像很多大城市一样，它吸引了许多外来人口，主要是进城务工的农民，而务工人员的家人仍然住在老家的村子里。由于许多乡村地区基础设施不完善，与远在他乡的亲人打一通电话就成了奢望。“村村通”项目满足了村民的这种奢望。一部电话，一块汽车蓄电池（在没有通电的地区，这是常见的供电设备），还有一个信号很强的通信天线，插在电话上之后，就可以接收 30 公里外的信号（默认的基站覆盖距离是 20 公里以内）。

小额信贷机构会给村庄里的某位创业者（通常是女性）提供一笔贷款，她可以向乡亲们出租电话，然后收钱。为一个原本不能打电话的地方提供通信服务，可以想象这笔买卖的竞争力有多强，市场占有率有多高。然而，“村村通”项目的开发方，以及参与运作的每一个人，都忽视这个项目的附加价值。他们没有发觉，自己不仅能让村民与远方的家人通话，还能帮助在外务工的人员给家人寄钱。

打个比方，亚奇想从坎帕拉寄点钱给留在村子里的妻子马萨妮。以前他有两个办法，一是去银行开个账户，前提是他必须向银行证明他是一位可靠的客户，然后把钱存进去，再找人带话给村里的妻子，说某个账户里有多少钱。随后马萨妮就会搭乘出租车，开上很远一段路，到离家最近的银行去把钱取出来。除了等待的时间和出租车费不说，银行处理业务还会耽误些时日，这也就意味着当马萨妮到了银行之后，钱还不一定会到。而且银行也不愿意处理小额汇款，所以马萨妮只能等到亚奇存够一定金额之后再去取。另一个方法就是亚奇找个准备去老家的公交车司机，请他把现金带给马萨妮，但这样也有风险，司机有可能给错人，也有可能谁也不给。

正是在乌干达乡村调研期间，我们经常听到人们提起"Sente"这个词。它指的是不经过正规的汇款服务，而是利用已有的电话商业模式和基础设施来绕道。亚奇不必托人把现金直接捎给马萨妮，而是用这笔钱去买手机通话时间。在坎帕拉的纳卡瑟罗市场(Nakasero Market)有很多这样的供应商。但是，这个通话时间不是留给他自己用的，而是打电话给马萨妮，把密码告诉她，她就可以把通话时间卖给村里的其他人。而经营电话亭的摊主作为中介，会收取 20% ~ 30% 的服务提成。无须银行，无须公交车，无须出租车，汇款问题就解决了。

没人知道第一个想出这种非正式的汇款方法的人是谁。媒体无从报道，因为第一笔交易何时发生已经无迹可寻。我们只知道发明这种方法的人不过是希望利用手上拥有的资源省时省力地解决问题，随后这个方法便很快流传开来。因为电话亭往往是村里的社交中心，消息都是从这里传出去的。无论是格莱珉基金会还是最大的手机运营商和生产厂家，都很难设计出如此符合当地情况的服务。

不正规的“Sente”远称不上完美：它不能自动生成任何单据，收钱人必须打电话给寄钱人，确认钱已收到；同名同姓的人有时候会被搞混；中介费的收取可能会引发争执；有时电话亭主人没有那么多现金，没法一次性购买所有的通话时间。买卖通话时间的行为反映出村民的需求，而其中**显而易见的缺点预示着正规的、精心设计的服务有了问世的机会**。

也是在 2006 年，在乌干达的邻国肯尼亚，全球最大的移动电话运营商之一的沃达丰公司（Vodafone）的尼克·休斯和苏茜·朗尼带着英国国际发展署（DFID）提供的资金开展了一项实验，探索更为高效的小额金融服务。实验进行期间，他们从与顾客的交流中得知，顾客对个人商业汇款服务存在需求。

在 2007 年推出相应服务后，原本吸引 20 万名消费者的年度目标在第一个月就实现了。今天，肯尼亚的 M-Pesa 项目被认为是世界上最成功的手机银行服务之一，而乌干达电信也推出了他们的正规手机银行服务 M-Sente。

转售通话时间，把通话时间兑换成现金，这个非正式的方法在上述服务的发展过程中扮演了重要的角色。首先它延伸了手机的应用范围，然后在传递抽象物品（即通话时间和金钱）的过程中建立起信任，让人们更容易看出哪里有待改进，最终满足人们的期望。

想要以当下的行为为基础，推断出人们未来的行为，其实有很多方法。其中之一就是寻找“突现行为”（Emergent Behavior），也就是人们最近刚开始做的事。如果这种行为与当下环境相匹配，它便会广为流传。“突现行为”可能是奥运会金牌得主在领奖台上做的某个手势，也可能是突发性自然灾害改变根深蒂固的社会习俗。而在某个商业模式出现后，相应的规避方法也随之产生，比如打电话时响一声后挂断，这样既能传递某种简单的信息，又不会扣话费。

能够引发或放大“突现行为”的技巧之一，就是创造一种能够促使人们采取新行为的情境。而另一种更合理的做法则是寻找已经处于这种极端情境下的人，他们身处的情境促使他们无视现存的社会习俗或法律规范，毫无顾忌地挖掘一件物品的潜力。这是一种由必要性引发的创新，首批创新者往往被称为“极端型”用户或“领先型”用户。

在马来西亚与新加坡接壤的地区，有一座名叫新山（Johor Baharu）的城市。节俭的游客会在这里加较便宜的油，打工的人经过这里去新城市工作，这里的夜生活也十分丰富多彩。居住区的街道有一大特色：街边的招牌上贴满了短期高利贷的小广告，而被盖住的旧广告的碎屑说明，这是个高度竞争的市场。

我带队去新山，是为了替客户考察人们对金钱的态度和使用方法，我的这位客户希望推出一项全新的全球性手机金融业务。

街上的这个奇景勾起了我们的兴趣：难道真的有人愿意以100%的利率借一笔为期两天的高利贷？这件事看似违背常理，但是存在即合理，它的背后必然有原因。为了搞清楚这个问题，我们本可以采访一些“极端型”用户或“领先型”用户，但我们选择了更接近真相的方法——亲自借一笔钱试一试，在这个过程中体会这种极端金融方式的利弊。除了实物抵押（他们扣留了我们一台相机，等我们还钱后再归还）之外，放贷人的风险规避策略还包括到我们的住处来一趟，把我的女助手安妮塔的身份证复印了一下，还用他的手机拍了一张安妮塔的照片。这个举动表明，安妮塔才是真正的抵押品。

看到这里，恐怕绝大多数人会确凿无疑地认为，你就是自己身份的唯一拥有者，尽管身份有可能会被人盗用，但你没法轻易地把它签字转让。可是在许多情境中，对于那些身外物很少的人来说，个人身份，以及与之相关的名誉就是抵押品之一。

实际上，有些人的确把名誉拱手交给别人来控制。在新山的借贷例子中，没能按时还钱的人，他的家门外会被泼上红漆，如果还是没能还钱，其照片就会贴遍大街小巷，上头还加着标注："别借钱给这个人！"通过羞辱借贷者的家庭，催促他们还钱，放贷人保护了自己的利益。这种威胁手段极其有效，因为在马来西亚的文化中，"欠债者"这个身份标签实在太不光彩，这也助长了放贷人的气焰。人们宁可偿付高得令人发指的利息，也不愿意伸手向家人借钱。耻辱不能用美元或林吉特（马来西亚的货币单位。——译者注）来衡量，但它同样也是一个经济因素。

不同文化形成的价值观上的差异会引发不同的决策过程。这种相对理性的行为可能会在任何一次跨文化互动中出现，因此，对一种习惯的培养就显得尤为重要，那就是先问"为什么"。

印度塔塔集团（Tata）为了迎合低预算客户的需求，推出了廉价的Nano车型，起价仅为2 900美元。然而这款汽车并没有得到目标客户的青睐，印度中下阶层的消费者更愿意购买马鲁蒂铃木（Maruti Suzuki）公司生产的、售价是Nano两倍的奥拓（Alto）汽车。一般的看法是，低收入人群通常会购买廉价的低档产品，可这个看法是错的。

如果你想了解低收入人群真正想要什么，那就要多问"为什么"。与最了解情况的人，也就是他们自己交谈，你会发现他们其实是世上最顽固的消费者。他们不得不把每个卢比（印度货币单位。——译者注）都花在刀刃上，所以不能买设计糟糕、容易报废的产品，这样做的成本太高了。即拥有2 900美元的预算，他们也不会买一辆传言说会自燃的汽车，让自己落入没有汽车或也无法退换的境地。

然而，Nano 汽车依然有极大的潜力，因为一辆售价 2900 美元的汽车，如果各项功能正常，那么它无疑将成为市场上一股极具破坏力的变革力量。

就像售价 100 美元的笔记本电脑和 20 美元的手机一样，如果这些产品真的能帮助人们解决日常生活中的基本问题，比如交通、教育、沟通等，外观设计既可以被消费者接受，又能够反映出购买者积极向上的正面形象，那么它们完全有可能抢占大部分市场。

企业、非营利组织、政府和科研机构如果想提供这样的解决方案，就必须细致而全面地了解目标客户。为什么人们会选择这种生活方式？当工作机会越来越少时，他们如何应付生活开销？遇到人生的转折点时，他们依据什么作出决策？

听老百姓讲述自己的故事

众所周知，有一类旅行者绝不会脱离大家耳熟能详的线路和热门景点，他们在旅途中只会看到旅行社专门为他们挑选出来的一点异国文化的皮毛，然后带着十分符合预期的，却是不完整的体验回到家中。但另一种旅行者喜欢探索未知，这些人甚至没有目的地，只是在路上等待与未知相遇。与普通游客不同的是，那些允许自己迷失在新环境中的旅行者获得的保证更少，失望的可能性以及被抢劫的风险也更大，但是他们却有机会获得无与伦比的独特体验，而这种体验会催生出新创意和新视角。

想高效率地游玩，又希望获得符合预期的旅行体验是很难的，即便是受过培训的高素质调研人员也有可能像第一类游客一样把调研工作程式化。

在国际调研的过程中，典型的操作流程是这样的：调研团队飞到一个陌生的地方，入住商务酒店，找到当地的人才中介机构物色一位“本地通”，然后搭乘出租车走街串巷，开展访谈。一天下来，大家回到酒店时情绪虽然仍旧高昂，但身体已经疲惫。品味当地风情的机会也是附带的：匆匆地吃一顿饭，留出半小时来购买必需品，访谈报告写完后去城里玩一夜。这种流程重复几次，去过几个城市之后，等到团队成员聚在一起，综合分析收集到的数据时，团队的工作热情已经耗尽。他们见多识广吗？算是吧。情绪高昂吗？说不好。

但是，还有一个更好的方法。

这个方法从勘测环节就应该开始，即寻找那种让团队可以观察到居民日常生活的地段入住。这意味着大家要远离市中心，寻找工业区与居住区结合的地段。我不喜欢住在商务酒店，而是宁愿带着团队住进当地的民居。

通常我们会租下一间公寓，但偶尔会寄住在别人家。费用比酒店便宜，也便于我们融入当地文化，而且团队成员的感情也会更融洽。说到培养团队意识，我喜欢在热水定量供应的民居里飞速冲一分钟的澡，然后给余下的团队成员多留点热水。

有些调研人员喜欢通过人才中介机构寻找当地人做助理，但我喜欢雇佣当地的在校大学生。并不是任何学生都能胜任，我需要的是聪明的、社交能力强的年轻人，他们会把我们带到城中那些能激发灵感的地段去开简报会，还可以让我们进入他们的社交圈，近距离接触当地文化。这些大学生犹如调研团队里的新鲜血液，为我们带来新鲜的视角和创意。只要有可能，我都会为他们留出床位，让他们跟其余的团队成员待在一起。

比起导游和翻译，我更愿意多花时间与精明的中间人合作，这种人是国际记者的秘密武器。他们有当地最强大的人脉关系，也理解人种学研究者的意图。这些中间人在调研中会先与调研对象攀谈，到了可以提问的程度就把谈话转给调研人员，让调研人员来控制互动进程，直至得到深具启发性的答案。

到达异国他乡的时候，我们往往没有多少时间来融入当地的生活，但我们会想尽一切办法充分利用这段时间。此时我们会寻找最得力的工具——自行车。

骑着自行车在城市中穿行，这听起来不像是在工作，但我们因此有机会迅速地从人性层面上了解当地的环境，我们也得以领略当地的生活节奏。最重要的是，我们可以与这座城市中成千上万的本地人走在同一条路上，体验当地的生活。

在调研早期，我最喜欢的也是最简单的体验当地生活的方式之一，就是跟这座城市一起醒来。趁天色未明，团队成员聚在一起，寻找一个合适的地段，然后大家一起骑着自行车四处转悠。我们看着小店主人拉开卷帘，送报人把报纸放到住户门口，人们走出家门晨练。**在早高峰时段买早餐是世界各地都会举行的“仪式”，是跨文化比较的最好样本**。我们喜欢找那些排起很长队伍的摊位，毕竟我们的工作就是跟人攀谈。

要想开展一次格外有启发性的谈话，诀窍就是找到最合适的空间。人们在那里很放松，可以自由自在地交谈，他们必须在有安全感的地方才愿意跟陌生人交谈。理发店是一个特别合适的地方，所以我总是进去刮个脸，跟其他顾客或者店员聊一聊，有时候一天会去刮两次脸。有些顾客与我相谈甚欢，还会邀请我们到他家里做访谈。

在研究进程的每个阶段，我们都会花费相当大的力气来整理这些数据，这会在后文中有所体现。如果我们在一座城市待的时间足够长，我们的住处兼工作间就会变得跟作战指挥室一样，墙上贴满城市地图和受访者资料，还有成百上千份调研笔记。这些东西将引发一个又一个伟大的创意。

创意萌生于新鲜感消失之后

一些着手开拓事业的人总是问我，最终是如何找到这么一份理想工作的？这里面也包括资深记者，他们觉得我跟他们的工作性质一样，却没有截稿日期，而且预算充足。毫无疑问，我对自己的工作很满意，它带给我巨大的成就感，但许多人未必能够理解其中的缘由。我的工作没有“终点”一说，这是一个持续的旅程，我在不断思考如何深刻理解这份工作的性质，如何在工作、家庭、人生、爱情之间找到平衡点，最重要的是必须为客户创造价值。

我的工作包括或短途或长途的旅行，这锻炼了我的洞察力，让我逐渐理解异国文化，即便在当时看来，这些旅行体验更像是玩乐而非工作。在旅行的过程中我总结出两条重要的心得体会，这两条心得塑造了我的思考方法，让我明白了怎样活出精彩人生，也影响了我的职业选择。现在我将这两条心得分享出来。

第一条心得就是，人这一辈子需要作的重大决策其实只有几个，一只手就能数得过来，而且一切事情，无论当时看来有多么重要，多么耗费心神，最终都会被人们淡忘。问题的关键就在于，当时我们是否能够意识到这些重要时刻，然后集中精力取得最好的结果。

深入思考自己与他人的生活经历，会强化我们的洞察力，而洞察力越强，一个人就越自由，越能更好地从细节中发现生命之美。洞察力还会让我们一步步成熟起来，现在看似不可逾越的障碍，终有一天你会轻松跨过。

我和妻子曾作过一个重大的决定——离开英国，前往日本东京，因为日本在工业设计和数字设计方面一直走在世界前列。虽然那时我们生活拮据，没有工作，也不会说几句日语，但心里却非常渴望从这个国家多学点东西。**如果你希望在自己从事的行业里处于领先位置，**

你就需要好好想想，去哪儿才能学到最多东西，然后问问自己："为什么不即刻出发？" 对我来说，能学到最多东西的地方就是东京。

每次走出公寓的时候，我都能学到新东西，获得新体验。我们在东京居住了将近十年，直到我们飞往下一个新家的那一天，东京依然在向我们展示一个全新的国际都市形象。驻扎在充满未知的异国他乡，已经成了我工作和生活的一部分。尽管有时会感到孤独，但在一个特定的地方多待些时间是有好处的，它能让人对此地产生更深的理解。我不愿意做一个领薪水的游客，虽然可以安排较为深入的旅程，但是在旅程中发现的东西毕竟有限。**当新鲜感消失后，更为深入的体验才会开始**。你要和当地人一样，面对同样的生活琐事，付账单、买日用品、看医生、坐地铁。此时，你才开始真正理解这个城市。

多年来，我辗转三大洲数十个城市，每一次搬家都是因为人生与事业走到了新的阶段，同时也是因为对驻扎的地方已经有了实实在在的了解。我渴望更深入地了解这个世界，以及生活在其中的不同人群，这种渴望引领我踏上下一段旅程。

第二条心得与失败有关。这要回溯到当年我在英国的海滨度假城市布莱顿（Brighton）念书的时候。我不是个叛逆的学生，并不讨厌去学校，但我极少把心思花在学业上，因为有趣的事情实在太多了，这直接导致我没有考上大学，因为分数不够，没有学校要我。没错，我的成绩就是糟糕到这种地步。尽管我父母从没明说，但这件事一定让他们很伤心，毕竟他们花了相当多的心血栽培我。

在家人的帮助下，我们启用了后备方案：重新参加考试，一年后再次申请。但是就在这段交织着失败、重考、努力进大学的日子里，我的职业生涯已经悄然开启。当时我跟着亲戚到德国柏林去住了一阵子，那是我第一次在国外居住，就在那里，我真正明白了这个世界并不像我从前想象的那样，是以英格兰为中心的。我进而认识到，我不再是生活在“别的地方”，而是正站在“这里”。它逼着我去思考，最终让我想清楚内心究竟想要什么：我想住在哪里，认同怎样的价值观，拓展现有的社会生活圈子有多么重要，如何再创造等。地图的用途有很多，但尤其重要的是，它让我们重新认识这个世界，以及我们在这个世界上的位置。

在本书中我会告诉你，如何用全新的视角去观察平凡无奇的人类行为，帮助你破译社会文化的密码，从中获得灵感，或许还能开拓一段全新的职业生涯。

在本书的开始部分，我会告诉你如何借助“阈值”（Threshold）来理解人的行为。所谓阈值，就是“做”与“不做”的分界点。我们还要仔细观察我们购买和携带的东西如何塑造并体现出我们是谁，我们如何展示它们，以及为何、何时、如何选择它们。我们还要审视共性与个性，例如一部售价 20 000 美元的手机和价值 1 美元的牙齿矫正套之间有什么关联，以及爱荷华州的杂交玉米种子怎样影响黑莓手机在尼日利亚的销量。

随后，我会把焦点从个人空间和科技领域转向公共事业，探讨我们如何驾驭社会空间，何种物件和技术会照亮我们前行的道路。例如，我会告诉你为什么比起任何一部旅行指南，当地的标语（“别喝这里的水”或“犬类禁入”）和海报反而更能反映出当地的文化。我们要去看一看，商家和消费者之间如何建立信任关系，为什么每一种关系情境都有自己的“信任生态系统”（Trust Ecosystem），它将如何影响这个情境中的产品和服务。还要看一看，人们随身携带的诸如手机、钥匙、现金或其他求生物品等物件能够传达什么信息；当这些东西被数字化、虚拟化之后会发生什么；为了创造未来的移动产品和服务，我们该如何解读今日人们的“携带行为”（Carrying Behaviors）。

最后，我们要去看看资源有限的人们如何想出新颖的方法来解决复杂问题，高科技产品的设计师和开发人员能从世界上最贫穷的消费者身上学到什么。我会带你去胡志明市尘土漫天的后街上看一看，一瓶汽油、一块砖头和一根软管如何体现出某项服务的精髓，而这项服务可是由世界上资产最雄厚的几家公司提供的。我们也会看到，当糟糕的问题引发了更糟的解决方案时，将会发生什么。

例如，为什么文盲宁可摸索着使用标准版的手机，也不愿使用专为他们度身定制的产品。我们要去体会一下，在为他人解决难题的过程中，将会遇到何种陷阱，必须做出什么样的让步；我们还要问一问，在这个有人用愚昧对抗探索、放任不公平现象肆虐的世界上，做善事意味着什么。

这些章节之间有时候是递进关系，但我们要走的更像是一条迂回路线。我要说的经验和技巧，你可以零碎地看，不限先后顺序，但是你最好能融会贯通，把它们整合成一套完整的方法，而不是用各自独立的小技巧来观察世界。最后，我希望你能够从混沌的世界中清晰地辨别人性。在这个过程中，你或许会瞥见未来的样子，但最重要的是，你获得了一套崭新的工具，它可以帮助你和你的企业做好准备，设计出更优秀的产品。

第1章

借助阈值图，探寻最原始的消费动机

HIDDEN IN PLAIN SIGHT

消费者为什么会对更灵活高效的手机小额支付App失去耐心？而小米手机的设计师又是如何调动用户的参与感，引发了狂热的购买浪潮？接触点和触发点是产品与消费者互动中的两个关键节点，顶尖产品设计师懂得如何在正确的时间以正确的方式创造出这两点。

你我素昧平生，我不知道你身在何处，也不知道你会用什么方式来读这本书。但是我要大胆地猜一猜：你肯定不会在淋浴喷头底下一边冲澡一边看。要是我猜错了，好吧，你可真行！要是我猜对了，我还想再问一个问题：现在你为什么没有在淋浴？

这个问题看起来有点傻，但在设计研究领域，让我们接触到用户行为核心的正是这种基础性问题。除非你设计的产品是婚戒或心脏起搏器，否则没有哪样东西是用户会一年365天、每天24小时不间断使用的。我和同事们花费了大量的时间来找出产品与消费者互动的两个关键点——接触点（Touchpoints）和触发点（Triggers）。接触点指的是用户愿意跟我们设计的产品或服务发生互动的时间和地点；触发点指的是在众多接触点中，促使用户用各种方式采取行动的因素。

触发点揭示出新的机会，让我们可以去满足那些未曾满足的客户需求，或设计出更加符合使用情境的产品和服务。但为了理解“接触点”和“触发点”的含义，我们必须想办法界定“使用”和“不使用”的分界线。

首先让我们带着这个思路去咖啡店看看。在咖啡店，绝大多数人只看到一群人喝咖啡、聊天、玩电脑。然而，一位好奇的研究者可能会问："为什么没人去洗手间？为什么人会想去洗手间？"甚至还可以问："为顾客提供免费的纸尿裤算不算是恰当的管理方法？"

不管看上去有多傻，这样的问题让我们看到用户行为以及人类行为中的诸多参数。之所以问出这些问题，是因为我们知道，人的行为不仅受到自然法则和法律的约束，还会受到道德规范、社会环境、人际关系、性格和认知的影响。仔细审视任何一种行为的时候，哪怕是去趟洗手间这种稀松平常的小事，我们也能发现很多起作用的因素。为了全面而准确地判断行为的各个参数，我们需要先构建一个合适的框架。

阈值图的基础：数据化框架

去企业做实地考察的时候，很容易从参与调查的对象身上收集到大量关于生活琐事的信息。例如，他们早晨何时起床，晚上几点入睡，中间做过哪些事，和谁去哪里消遣，喜欢什么品牌的衣服，为什么钟爱这个品牌，和谁沟通，沟通的目的是什么。其中有些信息很有价值，有些则完全没有意义，我们会使用一系列技巧来找出那些有价值的信息。当我们从收集信息转入综合分析的阶段时，要做两件事：首先，透彻地理解我们所观察到的结果；然后，从中提炼出足够准确的、可以与客户分享的模式与趋势。

在客户或外部观察者看来，如果某个创意缺乏以研究为基础的、符合现实世界的框架，那它就是随意的、武断的。对于一个不再使用定量市场调研的组织来说，单是得到灵感还不够，还要追溯这个灵感的源头。

每次实地考察都包含一个多重分析的过程。在访谈中，问题不断深化，从形成基本解释的基础问题，渐渐变成包含更多推断性假设的问题。一旦我们完成一个访谈或是其他数据的收集，全组人就会集结到最近的咖啡馆，把收集到的数据回顾一遍，在“哪些数据有意义”方面达成共识。

数据这东西就像牛奶，最好趁新鲜时用掉，如果分析时间拖得越长，就越有可能失去把它与原始意义联结起来的线索。当天某个时候，全部团队成员会回到我们的“作战指挥室”，把每个人的笔记贴到房间的墙上。离开这座城市之前，我们会用一整天时间来梳理这些数据。等回到工作室以后，我们再把数据钉到会议室墙上的巨大泡沫板上，在那里待上 1 ～ 2 周的时间，整个团队可以使用不同的“滤镜”对其进行系统的分析。

在这个阶段，我们需要把数据整合到一个连贯而缜密的框架中去，但是，正确的框架总是很难被发现。(http://www.servicedesigntools.org 这个网站上提供了不少设计研究中用到的框架和其他工具，还有一些简单的案例研究。) 所谓正确的框架，就是能从混乱的数据中找到规律，把所有破碎的陈述、事件和结果都嵌入故事当中。一个出色的框架能够帮助研究者完成很多事情。

◎ 它能揭示鲜为人知的真相，而且所有的重要数据都支持这个真相，没有一条数据与之相悖；

◎ 它能跨越空间和时间，反映人们的行为；

◎ 它能在一群个体中捕捉到相异的行为，既考虑了个性的差异，又不会概括得太过笼统；

◎ 它在因果之间建立起一个故事，当有人抛出“如果……会怎样……”的问题时，我们也可以作出符合情理的推测。

如果有人粗看一眼就能明白，或只需作最少的解释，而且能把它嵌入自己的世界观中，用它来思考新的情境，那这个框架就起作用了。

如果在企业研究中有所谓的“默认框架”的话，那就是消费者行为图谱（Customer Journey Map），它把个体消费者最具代表性的一天事无巨细地记录下来，用图解法表现出他是如何从一个行为转向另一个行为，标明所有的“接触点”，也就是他有可能会使用我们设计的产品或服务的时刻。消费者行为图谱具备精确的记录功能，绘制起来也需要一定的技术，因为有大量的线条连接着众多方框。在对客户行为建立基础认知方面，这种图谱非常有用。没人会说这种方式武断，但这种图读起来有时难免有些呆板。

消费者行为图谱的替代品有千万个，其中有一个特殊的并不太常用的方法，但是如果使用得当，其作用要比消费者行为图谱大得多，它可以从几乎任何人的各种散漫行为中找到有价值的信息，这就是阈值图（Threshold Map）。阈值指的是触发某种行为或者反应所需要的最低值。

阈值图可以描绘出一个人的“默认”状态，也就是此人在绝大多数时间里的正常状态。比如说，绝大多数人在一天中都感到自己是干净的，所以他们不会一有条件就放下手中的事情，冲到淋浴喷头下洗澡。随后阈值图会让我们看清楚，当此人进入另一种状况时会发生什么。通常，当人们接近或跨越阈值，改变想法和行为的时候，起作用的往往是他们内心的感受。

设计工作室、工作坊和实验室都很擅长测试并探索产品的性能与耐用度。绝大多数质量保证书上都会设定“在正常的使用环境下”这个前提条件。可以肯定的是，必然有一组研究人员会花费大量的时间去定义什么叫作“正常”，但世界上有越来越多的企业开始在设计中考虑客户的心理，他们不仅关注自己的产品，还关心客户使用这些产品的动机。为了理解客户的行为，我们需要走出实验室，进入人们的日常生活。

通常，当人们跨越阈值，从一个状态转变到另一个状态的时候，或者说，当他们采取某个行动，避免跨越阈值的时候，其实是在维持一个标准，这个标准表明了产品的可接受程度。如果设计师想要了解这个“使用”与“不使用”的界线，他们就需要了解人们使用这些产品的背景，也需要知道有哪些状况会对背景造成影响。

就像实验室能帮助我们了解“正常”和“极端”的界线一样，设计研究可以帮助我们理解正常行为与非正常行为的界线，而界定正常行为和非正常行为的最强有力工具就是阈值图。

人们基于自己的体能和精神状态作出决定，而阈值图可以帮助我们了解作决定的诸多方式，以及为了维持或重新获得某种状态，人们会做些什么。为了让你快速地了解它的基本概念，我带你来看一个简单的例子：以你每一天、每一刻都会做的一件事——对付饥饿感——为基础画出阈值图。

首先画出一个坐标轴，横轴表示你的一整天时间，一端是 0：00，另一端是 24：00。标出你起床和入睡的时间（假设你一旦入睡中途不会醒来），然后我们作一些情境设置。把你一天当中会去的地方和你在那里花的时间标出来，比如待在家里、上班路上、工作、去你喜欢的咖啡店喝下午茶、回家路上去某个杂货店买点东西等；再把你一天中吃东西的时间标出来，正餐和零食都算。用纵轴表示你的饥饿程度。现在，沿着横轴方向画出三条线：第一条是你的饥饿程度在一天之中的变化曲线；第二条是“极饱线”，超过了这条线，你就撑得一口也吃不下去了；第三条是“极饿线”，低于这条线的话，你就饿得什么也不能做。在“极饱线”和“极饿线”两条阈值线之间就是你的“舒适区”，在正常情况下，你会尽可能留在这个区域里。（见图 1.1）

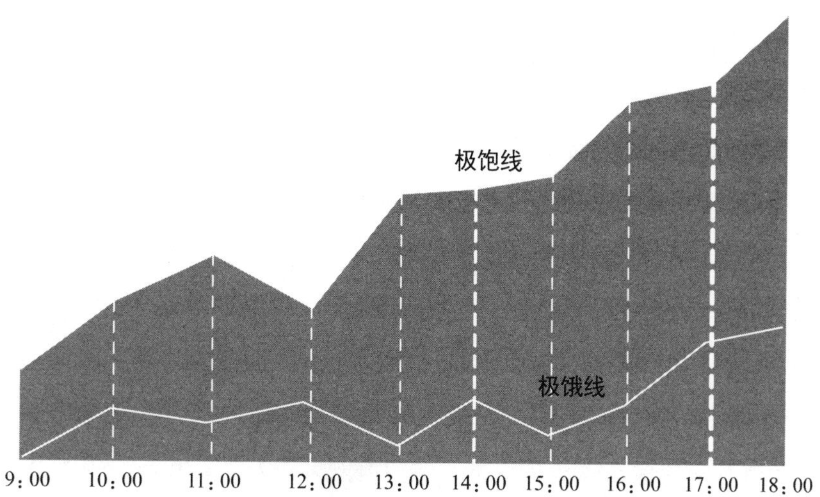

图 1.1　饥饿阈值图

除非你喜欢吃到撑得不行或是饿到半死，否则阈值线的位置并不会一成不变，而且阈值线不是直线，一天之中，随着你处于不同状态，这两条线也会上下波动。比如，你在考试之前会想要多吃点健脑食物，此时“极饿线”会上扬；而当你精疲力竭地爬上床，累得没力气关注饿不饿的问题时，“极饿线”又会向下倾斜。

当然，你的饥饿程度线也不是水平的直线。当你很久没吃东西的时候，它会渐渐地朝“极饿线”靠拢。如果你会主动观察自己的身体状况，有意识让自己停留在“舒适区”内，你就会预感到自己就快接近“极饿线”了，因此会在尚未到达极值的时候吃点东西。快要到达“极饱线”之前，你也会停止进食。这是一个非常简单的阈值图，人人都能看明白。但对绝大多数人来说，这也是不现实的。

很多时候正常的规则并不适用，例如你起床起晚了，赶到办公室旁边的咖啡店去吃早餐，你没忍住诱惑，多买了一个店里最出名的甜甜圈；又比如你中午已经吃得很饱，可是有同事过生日，分给你一块巧克力蛋糕，你又不得不要；或者有天你下班很晚，到杂货店买了远超过你食量的各种蛋糕和零食，因为烘焙柜台新出炉了一批甜点，那香气实在太诱人了；甚至当你读完上面这段话时，你的“舒适区”就扩大了一点点，而扩大的程度取决于你是否刚吃过东西。

当你经历某种特殊事件的时候，饥饿阈值会波动得更加剧烈，比如在斋月中禁食，或是在感恩节中按惯例大吃大喝。所有这些外力会令本该十分系统化的行为变得紊乱，但阈值图的优点就在于，它可以把这些特殊情况都考虑进去，把这些事件和事件的后果都标示出来。

我们还可以为不同类型的人描绘阈值图。一名 20 岁的运动员与一名 45 岁的办公室白领的饥饿阈值图有何区别？一个节食者与一个吃货的阈值图又有什么不一样？这个实验很简单，却能够反映出很多信息，它让我们更加深入地了解人们打算做什么、不打算做什么，是什么因素让他们走出“舒适区”。**阈值图可以让观察者迅速了解到基本信息，而且阈值图讲故事的能力也很强**，尤其是在遇到例外情况的时候。

扩大“舒适区”：从极饱到极饿，从邋遢到艳遇

对很多人来说，“舒适区”是一种理想的、正常的状态。就像一切被称为“正常”的情况一样，它涉及一系列社会与个人的假设，而这些个人化的假设能够反映出此人的世界观。当然，在正常状态之外还存在着不正常的状态。不正常的状态位于某种边界之外，人们会认为它是极端的，多半不会主动选择它。不正常的状态基本上都是不舒

服的（例如过饿或过饱），若是进入这种状态，人们会想办法尽快跳出来。就像产品测试实验室要试探哪些因素会造成产品破损一样，了解一个人为何会进入极端状态也能说明很多问题。依我的经验来看，企业一般都很能理解正常状态，但往往不懂得应付极端状态。只需这样想一想：

◎ 如果一个白领几个小时都没收过邮件，他会有多不舒服？

◎ 锻炼身体的人在健身房练多长时间，才会认为待会吃个杯子蛋糕（Cupcake）也没关系？

◎ 一件还没穿破的衬衫，人们会把它留多久才捐出去？

◎ 家里某个坏掉的东西要有多让人不耐烦，人们才会下决心去修理？

了解那些把客户带回“舒适区”所必需的例外状况和行为，往往会揭示出一些看似琐碎，实际上却很有研究价值的事。例如，商家可以把电邮软件作些调整，让用户可以优先处理错过的消息；还可以按客户的要求制订与健身计划匹配的食谱；推出衣物以旧换新的服务，清空消费者的衣柜，促进新的购买行为；在社区建立一个 DIY 工具共享制度等。

无论我们是否设定阈值，在决策过程中，它都是最基本的因素。然而，大多数人通常会在外界的诱惑下走出“舒适区”，赌场尤其擅长这一点，它会引诱赌客切换到愿冒风险的模式。赌场为客人提供酒精饮料、免费食品，场内的空气中还富含大量的氧气。关于意志力的心理学实验表明，饥饿、缺乏睡眠、决策疲劳都会让平时很稳定的自律感偏离轨道。消费心理学家告诉我们，一些看上去无伤大雅的干扰，比如音乐和灯光，都会诱发冲动的、非理性的购买行为。

在《助推》(*Nudge*)一书中，两位作者理查德·H. 塞勒（Richard H. Thaler）和卡斯·R. 桑斯坦（Cass R. Sunstein）论证道，通过“选择构建法”(Choice Architecture，有意地调整选择的呈现方式，从而改变人们的决策。——译者注)，人们可以被诱哄着作出更好的决策，或者说是更为传统的理性决策。这种方法在不知不觉中指出行动的方向，丝毫没有强迫的意味。对于可塑的日常行为，这样的研究案例与方法不计其数。

以上这些跟阈值图有什么关系呢？设计研究十分擅长于发掘影响人们行为变化的诸多变量，我们之前提到的例子说明，这些参数是不断变化的，尽管它们变化的方式往往可以预期。无论一张阈值图来源于定量数据还是定性数据，它都能帮你解释这些参数变化的原因，即便是在行为并没有出现明显变化的时候；它还能发掘出人的行为最容易受到操控的时刻和场所。

因此，如果你想节食，不但要小心你的饥饿程度，还要当心周围那些可能会影响你“极饿值”的东西，那些能在不知不觉中改变你的想法的因素；如果你卖的是高热量食物，只需要寻找那些饥肠辘辘的、疲惫的、情绪低落的路人，然后稍微怂恿他们一下就行了。

让我们回到最初那个问题：“现在你为什么没在淋浴？”如果用阈值的视角来看待这个问题，那么答案很简单：你正处于“舒适区”中，你的状态比不舒服的阈值要高。但是什么事情会把你推出“舒适区”呢？什么事会让你的状态提升到比巅峰阈值还高，进入前所未有的自信状态？在一项研究中，我和团队代表一个高档个人洗护品牌，利用这些问题来收集数据，向客户展示消费者平时如何使用他们的产品。

在亚洲的几个大都市里，我们对消费者进行了详细的访问，了解他们的生活习惯，以及习惯背后的动机和造成的结果；了解他们的家庭生活、社交生活、感情生活、职场生活，以及他们面临的压力；了解他们什么时候梳头，什么时候刷牙；了解泡澡和站在洗脸池前梳洗的差异，以及晨间淋浴与晚间淋浴之间的微妙差别；我们还会重走他们上下班的路线。有了这些信息，我们就可以为每个受访者勾勒出一幅典型的每日行动图谱，工作日和周末都包含在内。然后根据受访者修整仪容的最主要的动机，把它们分成几大类：准备约会，争取升职，控制引起自卑感的因素，比如体味或口气等。

> 每种类型的人在小习惯上都有明显差别。寻找艳遇的人会在周六晚上去酒吧之前，在镜子前花上一个多小时梳妆打扮；每当上司经过的时候，野心勃勃的职员可能会往嘴里塞一颗薄荷糖；而那种不修边幅的人可能压根不在意自己的外貌问题，直到他发觉自己的邋遢样子开始把身边的人吓走为止。他们都努力地待在各自的舒适区里，但是，一旦把这些区域分别描绘出来，你就会看到迥然不同的图像。

在阈值图的绘制中，我们使用“舒适区”这样的词汇来大致描述一个人的日常状态，这也意味着他们并没有做什么特别的事。所以我们也可以把“舒适区”叫作“心理安宁区”或“总体良好区”，因为归根结底，行为尺度的大小还是要看个人感觉。

在这项仪容修整的研究中我们发现，总体说来，人们对外观整洁程度的要求跟身体舒适度的关系不大，却跟社会接受度和自信心有极大关联。如果受试者们可以独自在家待很长一段时间，很多人对修整仪容都没什么兴趣。多数在家中修整仪容的行为都是因为要去参加社交活动，而在其他场合的修整行为基本都是因为他们遇到了某种尴尬局面，心中感到焦虑，觉得自己有必要纠正些什么。

这种定性数据表明，修整仪容的最低阈值指的是，如果某人不先把自己整理清爽，就不愿意参加任何社会活动。这条最低阈值线以下的区域就是“羞耻区”。而最高阈值指的是极度自信的状态，此时人们感到自己容光焕发，跟国家领袖打交道都没问题。

当某人的状态跌至最低阈值线以下时，尤其在资源有限的情况下，比如没有牙刷、不能淋浴、没法立即换衣服等，此时他的目标就不是追求自信的状态，甚至也不是回到快乐的中间区域，他只想找个办法爬上那条最低阈值线，而且速度要快。方法可能很简单，比如含一颗薄荷糖，用冷水洗洗脸，快速补个妆，就连朋友的一句令人宽心的称赞都能起作用。无论用什么方法，只要能让自己感到状态还凑合就足够了。

如果一个人想达到最高阈值，必然要精心打扮一番。达到最高阈值与爬上最低阈值线的动机有很大差别：前者是想细细梳妆，达到完美；后者只要让自己看起来过得去，不必躲着藏着就行。精明的营销人员能够分辨出两者的差异，并针对不同的人群应用不同的营销语言，比如“你可以成为明星”或者“让你以最快的速度出去见人”。

当我们通过阈值来审视用户行为的各种参数时，尤其是在某个特定城市、国家，或是另外一种文化背景下，我们会发现社会文化标准就像是相机镜头，能够把“舒适区”放大或缩小。在硅谷，很多办公室的着装要求都相当宽松，可以穿牛仔裤，还可以露出一点文身，邋遢一点也无妨；而在日本的职场中，“可以接受的仪表”的定义要严格得多，因此日本白领的“舒适区”就变得相当狭窄，公司对西装的款式有明确要求，甚至皮鞋和衬衫都有统一标准。无论员工的身体多不舒服，也必须保证外表光鲜。

由于“舒适区”实在太窄，以至于当日本政府推行空调节能运动，把夏季办公室的室温提高到 28℃左右的时候，他们不得不同时发动了一场大规模的理念推广活动（即 2005 年的“清凉商务”活动和 2011

年的“超级清凉商务”活动)，号召办公室职员脱掉西装外套，解下领带，这个活动也告诉老板们，不要因为这种平时看来不够恰当的行为而解雇员工。

如果你想进行跨文化的行为比较，下面这个做法会非常有用：把某人的正常行为线描绘出来，然后根据不同的文化限制，把他的“舒适区”相应地扩大或缩小，看看结果会怎样。例如，对于尼泊尔乡下一个干体力活的工匠来说，他可以接受的体味会到达什么程度？如果换成他的表亲，一个居住在加德满都城区的学校老师，标准又会怎样？同样，如果你的旅程是跨文化的、需要给当地人留下良好印象的，尤其是因公出差，那么你最好了解一下当地的文化。比如，衣着、外貌、消费方式，甚至包括可接受的醉酒程度，然后根据情况调整你自己的行为阈值。

群体行为的“触发点”

到目前为止，我们一直把阈值图视作个人行为与动机的框架。但是根据社会学家马克·格兰诺维特（Mark Granovetter）的研究，正如阈值图可以为我们揭示出个人行为的诸多隐藏面一样，它也可以让我们更好地理解集体行为。

20 世纪 70 年代末，格兰诺维特开始思考一个十分棘手的问题：如果一群本该遵守社会规范的人打破了规范，那么究竟是因为不成文的社会准则突然发生了变化，还是因为各异的个人动机造成了出乎意料的后果？

他设想出两种背景相同的情境，100 个人聚集在广场上，场面有些混乱。在第一个场景中，有个肇事者决定打碎一面巨大的玻璃橱窗，这种行为引得第二个人也如法炮制，然后是第三人、第四人跟进，直到骚乱全面爆发。格兰诺维特设想新闻标题大概会这样写“一群激进分子参与了暴乱行为”。在第二个场景中，肇事者同样打破了玻璃窗，可暴行就到此为止了，没人跟着参与。这一次的新闻头条会这样写“一名疯狂的闹事者打碎了玻璃橱窗，镇定的市民们冷眼旁观”。那么，究竟是什么因素令两种状况天差地别？是那 99 个好事者突然变成了和平主义者吗？根据格兰诺维特的解释，实际上只有一个人发生了转变，而且这种道德上的转变极其微小。

在格兰诺维特假设的场景中，人群中的每个人都在权衡利弊，作出要不要闹事的抉择。闹事的好处是可以痛快地宣泄愤怒，风险则是可能被捕。除了那个无论如何都会出手的肇事者，其余每个人都在从肇事人数中寻求安全感。比较激进的人可能会跟随肇事者，马上作出反应；而比较保守的人则会观望，等差不多人人都参与了，他们才会参与，已经动手的人数就是他们的阈值。对于肇事者来说，他的阈值是 0；对于这 100 人里最保守的人来说，他的阈值是 99。在这个假说中，没有 100% 自律的人。

在第一个场景中，阈值的分布完全是平均的。肇事者动手之后，阈值为 1（这个 1 就是肇事者）的人扔出了第二块石头，然后就是阈值为 2、3 的人，依此类推，直到每个人都参与进来；然而在第二个场景中，有两人的阈值都是 2，没有人的阈值是 1。肇事者带头之后，这两个阈值为 2 的人左顾右盼，等着看第二块石头会从哪儿飞出来，好让他们把手里的石头扔出去，可第二块石头一直没有出来。尽管 100 个人里有 99 个人的倾向都一样，可没有一个人的阈值是 1，于是，截然不同的结果出现了。

格兰诺维特的模型是虚构的，而且你也可以争论说，如果这个小小的变化出现在阈值 98 而不是 1，那么两个场景的结果基本上也一样。然而这个模型揭示出一个概念：一组特定的个人动机，特别是那种强烈依赖背景的动机，会导致截然不同的结果，对个人和对群体都是如此。这就像投资公司在免责声明中对人们的提醒一样："过去的辉煌不代表未来的成绩。"

然而，许多人从事的都是与未来相关的行业。我们希望改变世界，做出下一个惊人的产品，在行业中留下自己的名字。从表面上看，阈值图或许没多大帮助。你可以说这是一个被动的工具，里面填充的都是过去和现在的细节，它关注的基本上是生活中典型的一天，而不是生活本身。或许在预见性上它差了一点，但这可以用思路来弥补。

我们把正常的、可接受、更合意的行为划分开来，标示出跨越这几条界线的后果，通过此举，我们可以专注于创造崭新的工具，帮助人们来定义阈值、警惕阈值、留在"舒适区"甚至拓宽"舒适区"。

心智交易成本与小额支付 App 的失败

设计的进化轨迹向来都不是平滑的，但是若从阈值的思路来看，的确有规律可循。设计师首先要确认阈值的存在，然后进行精确定位，想办法去维持它，再尽力扩大"舒适区"。想一想，历史上人们是如何管理"睡过头"的阈值的。

伟大的哲学家柏拉图通过早课向学生传授知识，太阳还没升起的时候他就开始讲解辩证法了。可对于老师和学生来说，定时都是个问题。日晷是个不错的计时器，可没太阳的时候就完全没用了。于是，柏拉图在夜间使用滴漏来计时，水滴逐渐滴落，等到水量积存到足够多时，就会使某个器件发出声响。这个设备不算精确，但它在学院的学生中间建立了一个公认的阈值，代表着一种被群体接受的行为。或许柏拉图曾经说过“打个小盹，错失良机”之类的金句，没准他的学生亚里士多德那天来晚了，错过了早课，没能把这句话记下传世。

让我们把时间快进到几千年前，工业革命重新定义了“睡过头”的后果。除非工人全部到齐，否则工厂就没法开工。因此，按时起床的阈值就变得更加严格。机械闹钟在那时虽已出现，但早期的闹钟不大可靠，起码能让迟到的人找到合理的借口。虽然知道机械工具不会要花招，可工厂老板还是得想个办法保证工人们按时上班。一个简单的方法就是雇佣一个“叫醒人”，挨家挨户敲工人家的窗户，提醒他们起床。

从那时起，我们已经攻克了“睡过头”的难题。我们能够精确地知道自己最长睡眠时间的阈值，但我们也发现，接近这个阈值的时候，睡眠质量也会变差。为了让自己留在“舒适区”内，人们发明了像 Sleep Cycle 这样的应用程序，它用最温柔愉悦的方式唤醒我们，还会分析我们的睡眠模式，计算出最容易起床的时刻。

现在，我们已经确认了睡眠阈值的存在，也界定了它的范围，想出了留在“舒适区”里的办法，下一步就是学会如何控制这个数值。一个方法是用咖啡因，人们喝咖啡已有好多年了，可我们这些重度咖啡客很清楚，人依然没法战胜睡意。

然而，军方研究者发现，如果给猴子打一针名叫 Orexin-A 的荷尔蒙，猴子就会保持 36 小时的清醒，认知测试的成绩跟休息充足的同伴们一样好。10 年后，我们会在 Orexin-A 咖啡店中流连吗？那些需要一连工作 30 小时却不愿意吃药的人们会背负怎样的社会压力？请你找个医生、护士或长途车司机，问问他们有何感受。

下面我们来看看阈值模型如何帮我们设计出更好的服务。我所选取的是一个人人都会涉足的生态系统——金钱世界。

2009 年，我在诺基亚研究中心主持一项关于新兴市场中手机金融服务的研究。当时，世界上大约有 35 亿人口无法接触到金融服务，但其中大约一半人都有手机。诺基亚打算研发一个以手机为载体的金融系统，名为“诺基亚钱包”(Nokia Money)，用户把现金付给店主之后，手机里就有了等值的存款，可以用来支付话费、转账，用途与银行存款无异，诺基亚金融于 2011 年在印度面世。

在这项研究中，我们去了中国、印度尼西亚和马来西亚。在街头访问蓝领工人，去主妇家中作访谈，与各个阶层的人们对话，了解他们是如何花钱、存钱、携带金钱的。我们问他们是否会带钱包，为什么会带，为什么不带；我们问他们愿意在身上带多少现金，如果带的钱特别多，心里会有什么感觉，如果身上的现金就快用光，又会有什么感觉；我们问他们如何规避被抢劫的风险，如何避免自己乱花钱，如何避免现金用光、又无处取钱的困境。

许多受访对象都会留点储备金。万一钱包里没钱了，身上总还留着一小笔现金，我们暂且称之为“小金库”。有时候这笔钱被掖在袜子里，有时放在另一个口袋里。在小偷出没的地方，有人会把少量现金缝在衣服里。这一小笔钱能让他们有回家的路费，或是找到银行或自动提款机。关于这个小金库，特别有意思的一点就是，人们拿它来吓唬自己，也用来安定心神。空空如也的钱包是很吓人的，它标志着你达到了一个很低的阈值，但是这与“我没钱了，我该怎么回家？怎么买吃的？怎么继续生活？”的阈值相比，只不过是个警示。如果我有个小金库，我知道钱包里没钱也不意味着走投无路，只是现在我该改变行为方式和消费方式了。

在现金交易中，空空如也的钱包是一个坚实又强大的反馈机制。在没那么实在的人的领域中，心理学家发现，但凡有一点点吝啬倾向的人，他们大脑中的脑岛区域反馈信息的能力就更强一些。当我们遇到令人不快的事情时，这个区域就会产生一种厌恶感，比如闻到难闻的气味、看到一张恐怖的画，或是遇到一双足以令预算崩溃的名牌鞋子。但是当我们使用信用卡、借记卡和手机钱包的时候，就不会遇到这种空钱包问题，所以就没法借助脑岛来限制花钱的欲望。此时，周全而贴心的设计就该上场了。

Mint.com 这个网站专门帮助用户管理财务警戒线。任意一位用户都可以把自己的银行账户、信用卡、投资账户和账单集中在一起，然后设定预算和理财目标。当账户超支、余额降低、有了大笔交易或可疑活动时，Mint.com 就会向用户发出警报。这项服务大受用户欢迎，以至于对银行造成了竞争压力，因为如果客户的花费超出了预先设置的额度，银行也会提供类似的提醒，但这项服务可是要收费的，利润还相当可观。

知道了这个阈值的存在，现在我们就可以想办法来主动管理它了。将来我们可以设计出什么样的工具，帮助人们留在“舒适区”？什么样的工具能够进一步扩大“舒适区”？或许有人能设计出这样一套系统，它熟知你的购物偏好，掌握你的预算，结合两者为你列出购物清单，或许它还会自动帮你买好需要的商品，直接送到你面前。

在消费“舒适区”的另一端存在一个“忧虑阈值”（Threshold of Concern），这里也有创新机会。每当顾客作出消费的决定时，就会消耗掉一些认知能量，在行为经济学中，这就叫作“心智交易成本”（Mental Transaction Cost）。当这种成本超出了所购物品本身的价值时，你就触碰到“忧虑阈值”。正是因为这个原因，许多网上的小额支付服务都失败了，因为就算你愿意在每次看那种小猫上太空的合成照片时支付 1 美分，大概你也不愿意为了这 1 美分操心。也正是因为这样，人们更喜欢成批订阅而不是零散购买；在餐厅结账的时候，就算身上有足够的现金，人们也喜欢用信用卡付账，花这种看不见的钱，心智交易成本比用现金时更低。

针对这个阈值做文章，其实就是想办法抹掉人们的心智交易成本。其中一个办法就是把花钱的决定权交出去。设想这种情景：

> 你的汽车与所在城市的停车系统联网了。这个系统知道每一个空停车位在哪儿，也知道各自收多少停车费。它不会问你“愿不愿意多走两个街区，省下 1 美元”，而是根据你平常的偏好为你作出选择。停好车之后，你无须支付停车费，费用会自动从你的信用卡或是事先充好现金的智能账户里扣除。

如果你问我敢不敢一口咬定，未来必然会变成这个样子，那么我不敢断言。阈值图只是一个工具，它把我们对现状的观察描画出来，而对现状的深入理解正是思考和设计未来产品的绝佳起点。

第2章 社会方程式：识别每个人的身份符号

“爱面子”是全世界人的通病，纽约人渴望拥有象征富有的小麦肤色，伦敦人会在厕所里装入代表地位的迷你书房，西亚人喜欢与野兽标本合影，那么中国消费者最喜欢通过什么来彰显身份呢？如何为他们设计“表演装备”呢？

在早期的古罗马，宽松的长袍就像国服一样，无论男人、女人和小孩，任何阶层的人都可以穿。尽管地方官员和高层神职人员喜欢在长袍上加一道紫色的绲边来彰显地位，但是大多数人的长袍几乎都一模一样，很难从他们的衣服上体现出“新潮时尚”或“位高权重”的身份宣言。

然而，到了公元前200年，长袍已经变成了一种严格的地位象征，只有男性官员才能穿。此外，官方还明确规定了什么人可以穿什么样的长袍，使用什么样的染料。例如，女性禁止穿长袍，因为那是男性的特权；除了国王之外，没人能穿通身紫色的长袍，因为那是终极权力的象征。

日常生活中随处可见的物品突然被赋予权力的象征，这看上去好像有点突兀，但是，在现代的品牌文化与显而易见的消费文化中，我们身边的每一件物品都可以被视作个人身份的隐喻。人们使用“肤浅”这个带有嘲讽意味的词语来形容那种过分关注这种象征的人，然而每个人都会在某种程度上在意自己的身份。

从珠宝、汽车这种比较明显的物品，到浴室里放着的杂志书籍这种较为微妙的东西，每个人都会把各式各样的物品当成一种表达自我的工具。

如今，虽然我们不会像罗马人那样，因为穿错了衣服而被罚款或囚禁，但我们的生活中依然存在着不成文的社会规则，这些不成文的规则统治着我们的穿衣方式、居家装饰方式，甚至还有我们查看时间的方式。

生活在熟悉的环境中时，我们都了解这些规则，但是一旦进入一个陌生的社会环境，不同的规则可能会把我们彻底击败。同样一件古驰（Gucci）牌外套，在大公司里可能会为你赢得一份轻松的工作，可要是在休闲酒吧，别人就会认为你是个轻浮傲慢的家伙。Taboo（即禁忌）原本来自汤加语，它的原意有两层，一个是“禁忌”，另一个意思则是“神圣”。

酷还是不够酷，优雅还是粗鲁，珍宝还是垃圾，判断标准有时候不太有说服力，有时候又很难分辨。毫无头绪的商家寄希望于趋势观察人员，希望他们能找出最新潮的年轻人在做什么、想什么、穿什么，这些风潮会不会普及到大众群体之中。有些人以为我就是干这个的，但我的工作和他们有所区别。趋势和潮流是时代精神的重要指标，但是，开创并遵从趋势的人必然会追赶潮流，因为从本质上说，他们渴望留在当下。

趋势观察人员着眼于当下，而我的客户更感兴趣的是那些基本的、通常来说更为永恒不变的欲望，以及其他一些会影响人们表达自我的因素。当人们展示自己的物品时，就好比是在邀请你走进一扇门，一扇了解他们的门，让你知道他们是谁、他们认为自己是谁、他们希望你认为他们是谁。但是，就在你走进这扇门之前，你必须先了解一下门口的状况。

从众与虚荣，消费者究竟渴望什么？

《日常生活中的自我呈现》(*The Presentation of Self in Everyday Life*) 是一本关于社会动态的极具启发性的著作，作者欧文·戈夫曼 (Erving Goffman) 是一位社会学家，他在书中把人与人之间的交流互动比喻为戏剧表演，每一个人都扮演着双重角色：他们既是演员，也是观众。就像舞台剧一样，每一幕演出都有情境和相应的布景。任何一个演员都可以定义情境，但如果大家没有达成共识，尴尬的情况就会出现。

设想你坐在朋友驾驶的车里，收音机里传出一首流行歌曲，你是跟着听还是换个频道？或许你不喜欢这首歌，可朋友特别喜欢，此时情境被设定了，因此为了维持融洽的气氛，你把自己的想法搁在一边，听起歌来。

某些情境有着预先设定的定义和行为规范，人们已经预先假定身处其中的每个人都知道如何得体地应对，从这个意义上来说，粗鲁只不过是在错误的情境中做出的错误的行为。戈夫曼援引了一份资料，上面说的是 20 世纪 40 年代的海员，返家后却忘记了放下船上的那一套做派，有一位海员脱口就对母亲说道："你他妈的把那块黄油给老子递过来。"

2005 年，我还在诺基亚工作，那时我决定实验一下我的一个想法：看看把一个被赋予了身份象征的物品拿到一个尚未被定义的情境下时会发生什么。这个"尚未被定义的情境"指的是还没开始对某件物品进行大规模的品牌宣传，无法彰显它的奢华地位。这样一来，这件物品就不会体现出我的身份和地位。当时我在纽约出差，想找一个暂时能办公的地方，同事就在 Vertu（纬图）的办公楼里给我找了一张办公桌。Vertu 是诺基亚的高端品牌，是个独立的子公司。Vertu 手机在 2002 年首发的时候，《连线》（*Wired*）杂志是这样报道的：

Vertu 手机的售价令人咋舌，每部达到 24 000 欧元，它拥有铂金外壳，蓝宝石水晶屏幕，音效犹如莫扎特的交响乐般清澈。产品发布会将在巴黎时装周上亮相。

Vertu 的设计负责人赫奇·哈钦森（Hutch Hutchison）这样对《金融时报》（*Financial Times*）解释这个品牌的缘起："我们的想法是，在开会时把这部手机放在桌上的人，会被众人视作屋子里最有权势的一个。"我要拿一部 Vertu 手机做个实验。

离开 Vertu 办公室的时候，我跟他们的员工开玩笑说："能不能借我一个试用一下。"出乎意料的是他们竟然同意了，从上锁的抽屉里给我拿了一部。我并没告诉他们我打算把它带到日本，当时这款手机在日本还没有上市，而且它是 GSM 网络制式的，在日本的 3G 网络中无法使用。要想听到它犹如莫扎特交响乐般清澈的铃声，我只能亲自动手。我想看看在一个产品发布前就能接触到国际名牌产品的人才会识货的地方，它是否会符合哈钦森的设想，引起人们的注意和欣赏。

我把这部手机带到了东京的高档消费区代官山（Daikanyama）。我去了好几家咖啡店，故意把它放在桌面上，看看能引来什么样的反应。这片区域里有一批非常新潮的日本人，他们对时尚和艺术有着极其敏锐的嗅觉，而且在这种场所的社会规则中，人们是可以把奢侈品拿出来展示的，陌生人也可以因为一件抢眼的物品攀谈起来。

> 可是，即便是在这种地方，也没有人察觉到我手中那部手机的精湛工艺或高昂售价——这部手机的价格大概抵得上普通日本工人9个月的工资。不知道他们有没有把我当作整间屋子里最有权势的人，可显然没有人排队等着上前亲吻我的戒指。

Vertu手机的有些特点既让我好奇，也令我厌恶，其中一个就是在钛合金和蓝宝石水晶屏幕之下，在这部售价超过20 000美元的手机里，安装着跟价钱只有它1%的普通手机几乎一模一样的电路板和用户界面。Vertu的价格之所以定得这么高，部分原因是它很稀有，有一对一的VIP服务，而且它是由优秀工匠为最有眼光的尊贵客户手工打造的。可是，它值这么多钱吗？也就是说，在常规的、受供需关系影响的经济世界中，当功能仅次于Vertu的手机比它便宜19 000美元的时候，会有哪位理性消费者愿意多花这19 000美元？

答案是，当然不会。可是话又说回来，我们并没有生活在一个古典经济学的梦幻乐土中。我们生活在一个充斥凡勃伦商品（Veblen Goods，指的就是像Vertu手机这样的商品，价格越高，需求反而越大。——译者注）的世界。经济学家哈维·莱本斯坦（Harvey Lebenstein）在1950年提出了一个概念，他指出消费者的需求不仅依赖于产品的功能，还要仰赖某些特定的社会因素，诸如对“入时”的渴望（从众效应），从人群中脱颖而出的渴望（虚荣效应），以及对“炫耀性消费”的渴望。然而早在半个世纪前，社会学家索尔斯坦·凡勃伦（Thorstein Veblen）就提出了与之相似的理论，那就是著名的凡勃伦效应。

在《有闲阶级论》（*The Theory of the Leisure Class*）中，凡勃伦提出了统治阶级用“社会方程式”（Social Equation）把自己与平民区分开，并竞相突显自己的优越地位。“为了获得并留住体面的地位，单是拥有财富或权力还不够。”凡勃伦这样写道：“财富或权力必须实实在在地表现出来，因为只有实在的证据才能证实体面的身份。财富的实证不仅能让别人认为此人很重要，并一直保持这种尊贵感，而且它在树立并维持自我满足感方面也有着极其重要的作用。”所以说，购买奢侈品的人也是为了证明自己的身份和地位高人一等。

购买象征身份地位的物品是为了彰显个人身份，且跟相对身份也有关系，奢侈就是富人用来表明他们可以做到穷人做不到的事的一种方式。凡勃伦十分尖刻地指出：“在炫耀性消费的整个进化过程中，无论购买对象是物品、服务，还是大活人，其中都存在着一个明显的暗示——为了有效地彰显购买者的身份，购买对象必定是用不着的、额外的东西。为了声誉，它必须被浪费。买生活必需品没什么意思，除非是为了跟连最基本的生活用品都买不起的凄凉穷人作对比。而且，除了最无趣、级别最低的体面之外，从这种比较之中也总结不出任何消费标准。”

尽管凡勃伦有些言辞犀利，但他在以下两个方面一语中的：第一，彰显身份是需要实际证据的；第二，炫富的行为尽管有些粗俗，却是证明某人不穷的铁证。然而，正如荷兰的研究者们发现的那样，奢侈消费的功能其实远不止造就富裕的光环。

蒂尔堡大学（Tilburg University）的罗布·内里森（Rob Nelissen）和马林·梅耶斯（Marijn Meijers）做了一系列关于名牌服装社会效应的实验，他们发现：可辨识的名牌商标能显著增加面试的成功率，在慈善活动中筹到更多的钱，在金钱共享游戏中获得更多的合作机会。在实验中，他们派一个研究助手到购物中心对顾客作问卷调查，当这位助手身穿带有汤米·希尔菲杰（Tommy Hilfiger，美国休闲服饰领导品牌之一。——译者注）商标的毛衣时，她拦下的人里有 52% 都同意参与调查。可是，当她身穿一件没有牌子的毛衣时，只有 13% 的人愿意配合。

然而，名牌也不是每次都能产生正面的效果。当内里森和梅耶斯告诉金钱共享游戏的参加者，其中某人的名牌衬衫是研究人员提供的时候，也就是在暗示这个人其实并没有相应的财富和地位，那件衬衫就不再起作用了，它不再是身份地位的真实象征。但是从我的工作经验里看，真实性并不是必要条件，只要外表上看起来真实就行了。

2007 年，我在泰国曼谷进行一项研究，内容是女性想要什么样的手机，以及泰国年轻女子的生活是什么样子。我和其他几位研究者一起作访问，我们与采访对象一起走在泰国潮湿的海风与嗡嗡作响的摩托车车流中。

工作结束后，我们请几位受访者带我们去他们认为最完美的地方逛逛，为另一个项目搜集些素材。结果我们被带到了一个相对比较贫困的街区，沿着一个临时搭建的街市闲逛。这个市场里的小贩卖的东西五花八门，从农产品到墨镜全都有。我们遇到了一个很特别的小摊，说它特别，倒不是因为它的东西特别吸引目光。实际上，这个小摊只有一条毯子和一个临时组合起来的展示架。架子上挂着廉价的纸卡片，上面画着卡通样式的露齿笑容。挂在牙齿画片上的是一条非常简单的钢丝，两头嵌进了卡片里。这是假的矫正牙套，售价只有 39 泰铢（大约 1.30 美元）。

这不属于那种袜子商贩想顺道卖点新鲜小玩意儿，多赚点外快的情况。卖假矫正牙套的摊主只卖这一样东西，这就说明它的需求量不低。果然，他的顾客还真不少，而且清一色全是十几岁的少女。我不敢断定她们究竟是把这小东西当成恶作剧，还是真心认为它有效果，但是，要是她们愿意忍受把一条金属丝放进嘴里、再扣在牙齿上的痛苦和尴尬，那她们大概认为这是一笔对外貌的合理投资。

当然了，假矫正牙套不可能有矫正作用，它只会造成一种假象：这些牙齿终有一天会变得整齐。更重要的是，它暗示出佩戴它的人，更准确地说是佩带者的父母有足够的经济能力，可以负担得起子女矫正牙齿的奢侈花费。

曼谷的牙套是个奇怪的案例。初看起来，牙套这东西不大可能是地位的象征，它并不是那种人们想要仿造的东西。为什么一个小姑娘会选择假矫正牙套，而不是别的东西？比如说一件山寨的古驰 T 恤。或许她两件东西都会用，但在曼谷这种地方，山寨的名牌服装到处都是，谁都能穿，假的矫正牙套反倒没那么明显，因此也就更有说服力。

要是假矫正牙套能被人当成地位的象征，这是不是意味着所有的东西都可以呢？我还有很多“不大像”地位象征的例子：

> 在一项针对美国底层西班牙裔青少年犯罪的研究中，研究者发现，携带武器能够提升一个人的人气和社会地位；在伊朗，政府颁布了养狗的禁令，于是在反对政府的世俗主义者中，养狗就被视为反抗精神的信号；在阿联酋，车牌成了抢手货，尤其是那种只有一位数的车牌，2008 年 2 月，号码为“1”的车牌在拍卖会上拍出了 1 430 万美元的价格；在全世界，从埃及开罗到中国重庆，我都看到有第三方手机服务商把吉利又好记的电话号码卖出高价钱；阿富汗政府开始发放以数字“39”开头的车牌号码时，拿到这种车牌的民众都气坏了，因为 39 被视为皮条客号码。

你可以说这是迷信的力量，但说到底还是因为人们想给别人留下深刻的印象。在世界的许多地方，电话号码是一种主要的身份标志，比起不够幸运的数字，幸运号码能够给别人留下与众不同的印象。

就像阿富汗人不愿意被当成皮条客一样，尤其还是以像车牌这么公开化的方式，绝大多数文化环境里的人都不愿意被当成“土豪”，也就是那种以非常直接的方式把所有财富和地位象征都展示出来的人。为什么我们会把这种耻辱的印记放在某些人身上，对另一群人却不会这样做？为什么我们会把这种印记放在这种而不是那种物品上？

登门造访：找到最丰富的信息来源

2009 年，我在中国西安进行一项手机金融服务研究，那时开始思考一个问题：为什么人们不会像炫耀昂贵物品那样，去炫耀现金或银行单据呢？去餐馆吃饭的时候，把手机掏出来放在桌面上是一种被社会文化认可的行为，可是为什么人们不能把身上所有的现金和信用卡都亮在桌子上？大多数人认为这种感觉太奇怪了，甚至都不会去尝试一下，这是为什么？可能我们认为钱币上有很多细菌、不卫生，所以不应该放在餐桌上面，但信用卡貌似干净多了，而且有时候还能反映出主人的个性，是人们很愿意展示的物品，可一般也没人会把它摆在桌面上。

我认为，不应该只去假定“我们不能打破不成文的规则”，而是应该努力去搞清楚为什么。带着这种想法，我决定做个小小的实验。跟研究团队和当地助手吃晚饭的时候，我请每个人都把现金和信用卡掏出来摆在桌面上。可以想象，每个人都感到很不自在，有人觉得自己带的现金或信用卡太多、太显眼，容易被偷；有人觉得自己的现金或信用卡太少，显得很寒酸。

把手机放在桌上的好处是你很容易拿到它，而且不会错过电话和短信，弊端就是可能会被人偷走。可是，把现金亮出来就没有类似的好处。而且“方便拿到”是把手机放到桌上的一个充分的、社会性的借口，就像漂亮入时是昂贵衣衫和珠宝存在的借口、追求品位是超级跑车和奢华腕表存在的借口。可是，掏出一沓现金拍到桌子上是没有合理借口的，除非你是里约热内卢的毒贩，人人都知道要是偷了你的钱，必定会付出生命的代价。

对多数人来说，社会性的借口很重要，因为它允许我们玩一个“假装不虚荣”的游戏。我们假装自己并不在乎自己的社会地位，因为我们想让自己显得更加平易近人。如果你信步走入硅谷的一间咖啡店，排在你前面的那个人穿着牛仔裤和 T 恤衫，开着一辆破旧的沃尔沃（Volvo）汽车，你需要知道的是，他很可能是一个想要显得平易近人的亿万富翁。

在凯特·福克斯（Kate Fox）的著作《英国人的言行潜规则》（*Watching the English*）中，她提到了一个从厕所读物（Bogside Reading）看阶层划分的有趣现象。厕所读物也就是英国人故意放在卫生间里的书籍和杂志，其真实目的就是炫耀。

工人阶级会在卫生间里放轻松的幽默作品和体育杂志；中下层和中层阶级的英国人不喜欢在卫生间里放书，他们认为这有点粗俗；中上层阶级通常在洗手间里装设一个迷你书房，里面的书都是精心挑选出来的，有时甚至有些装模作样。

迷你书房里的书各种题材都有，而且“这些书是如此有趣，以至于客人们常常沉浸其中，非得大声喊他们去吃饭才行”。而其实上层阶级的口味跟工人阶级惊人相似，都喜欢幽默读物和体育杂志。上层阶级处心积虑地想给客人留下深刻印象，但他们同时也是在炫耀，只不过目标是在堂皇的庄园中创造出一种寻常的居家风味。

在利用宅邸彰显身份这方面，英国人绝不是唯一。但是，英国、美国、欧洲大陆等绝大多数西方国家和地区的中层阶级与大多数亚洲中层阶级很不一样。比起亚洲人，西方人非常喜欢请人来家里做客。在亚洲城市里，人们的居住面积通常比较小，所以家里没地方供宾客相聚，专门用来向宾客展示的房间（也就是说正式的餐厅、客用洗手间和客房）也比西方家庭少。由于文化习俗的不同，亚洲人很喜欢请客人出去吃饭；而在英国或美国，请客人去餐馆吃饭比和在家款待客人的成本相差极大。

在中国，去餐馆和在家招待客人在成本上的差别很小，所以人们不会因为想省钱而留在家里吃饭。而且在亚洲城市里，自有住房的比例一向比较低，所以格局改造和装修的概念相对较新，在中国上海，自有住房的比例从 1997 年的 36% 上升到了 2005 年的 82%。亚洲人花在家庭展示方面的投资比较少，他们更愿意购买那些能拿到大庭广众之下展示的物品。

在我们的研究过程中，这些文化差异自然而然地让我们拥有了许多不同的体验，尤其是在上门拜访的时候。在西方人的家里，我们一般会经过一个门厅，你会看到墙上挂着家人的照片，或是其他类似的私人物品；而在亚洲家庭的玄关中，设置就变得更为实用，比如鞋柜和衣帽架等。西方人喜欢带领客人在家里转转，看看家里的各种艺术品，或是其他象征地位和品位的东西；而在亚洲文化中，参观一般只限于客厅。在埃及和阿富汗这样的国家，客人可以踏足的空间和私人空间的区隔就更为明确，很大一部分原因在于性别划分。

在绝大多数文化中，卧室都是禁地，最多只能让客人快速扫一眼。在西方家庭中，如果你想借用洗手间，主人多半会指引你去不常用的、装饰性质更浓的那一个，主人一家一般都不会在那里洗漱；而亚洲家庭很可能全家只有一间浴室，所以你就更有可能了解主人一家的日常生活。

登门拜访的时候，无论是去西方家庭还是东方家庭，我都对主人急于展示出来的那些可爱的小玩意儿和传家宝特别感兴趣，可我发现，从主人家的碗柜和冰箱里一样能了解到许多关于他们的品位和愿望的东西。即使研究课题是风险管理，我也会找个借口去瞧瞧人家的冰箱，看看他们购买什么牌子的食品，选择什么生活方式，以及这一切与他们所说的东西是否冲突。

在上门调研的过程中，冰箱和厨房一般被视为中立地带，客人可以进去转转，而且主人一般都认为这种地方也反映不出什么问题。通常冰箱里还会储藏一些不是食品的东西，比如男主人或女主人的护肤品和药物。除此之外，你还会看见比如死老鼠（主人拿它来喂自己养的蛇）或其他不合法的物品。

> 你可以从冰箱看出主人是不是酒徒，他们喜欢精品还是大众货，他们是否愿意在番茄酱上多花 1 美元。从冰箱里的一瓶灰雁伏特加（Grey Goose，百加得洋酒集团旗下高端伏特加品牌，被誉为“全球口感最好的伏特加”。——译者注），你就能看出许多与身份地位相关的信息。一旦你跟主人之间建立起了一定程度的信任，你就可以问问名贵品牌的产品值不值得多花点钱，一般的答案都会是“我也讲不出有什么区别”；如果你在与主人充分熟络之后问出这个问题，答案则多半是“不值”。

想要了解人们拥有什么，以及为什么拥有这些东西的时候，家庭绝对是个丰富的信息来源。可有些时候，从人们“没有什么”上也可以了解到很多东西。我最喜欢的背景研究小窍门之一就是去当地的照相馆瞧瞧，有时候人们拍照时会拿着道具，或是站在假背景前面，抑或是在后期用电脑软件合成背景。有些照相馆，尤其是那些提供打印大头贴服务的地方，都会贴出很多客人的相片。

从这些相片里你可以了解到很多东西：如果人们能如愿得到想要的东西，那他们会要什么呢？如果他们想去哪里就能去哪里，那他们会选择什么地方呢？除了偶尔会出现的狂野西部或维多利亚时期的服饰之外，照片中的道具和背景提供了很多有价值的线索，让我们看到拍照人心中真正的渴望，无论这种渴望在真实生活中能否实现。在美国新奥尔良（New Orleans），拍照者一般会选择一辆凯迪拉克豪车为背景；而在阿富汗，拍照者往往会穿上军装，以沉睡的狮子作为背景，或者是抓住一根从军用直升机上垂下的绳索；在世界很多地方，法拉利和枪似乎都很受欢迎。

或许你会奇怪，为何会有人愿意花精力去研究人们对那些几乎不可能拥有的东西的品位？这些物质方面的幻象大概对真的法拉利和狮子的销量没多大帮助，但是就像曼谷的假矫正牙套一样，它们可以告诉你，人们愿意把自己跟什么样的品牌和品质联系在一起，即使他们无法得到那个真实的物品。

聪明的商家创造出了“平价的奢华”，也就是面向大众市场的名贵物品，用客户可以负担的价格制造出他们想要的东西，通过降低购买门槛创造新的细分市场。举个简单的例子，法拉利跑车的钥匙扣一定比真正的法拉利跑车数量多很多。

我最喜欢举的一个“平价的奢华”的例子就是苹果耳机。世界各地的通勤者耳朵里塞着它，胸前挂着它。苹果耳机的价钱大概是最便宜的 iPod 音乐播放器的 50%，大概是 iPhone 手机的 10%。但是对于买不起苹果核心产品的人来说，一副耳机就像是一扇通往苹果世界的门。正如苹果公司前高级营销主管史蒂夫·查赞（Steve Chazin）所说：“戴上苹果的白色耳机，你就是时尚俱乐部的一员了。”查赞的言外之意就是，没有人在意你口袋里的是真正的苹果手机还是山寨手机，只要露出苹果耳机就行了。

可穿戴设备与人工智能

如今，科技产品的尺寸正变得越来越小，甚至有些已经隐形。这个趋势会对人们使用技术来炫耀社会地位的做法有何影响？在很大程度上，这要取决于代表身份的那件物品的价值。

财富的可炫耀性一直很高，但现在时间大有超过财富的趋势。时间对于现代人来说绝对是一种珍稀资源，把事情分配给其他人去做，从而为自己节省时间的能力也逐渐成为身份的象征。此外，假期长度和灵活安排时间的自由也具备了越来越多的正面含义。这好像意味着，随着互联网时代的到来，断开联络并保持“飞行模式”的机会将变成彰显身份的一个强有力信号。如果脱离工作状态变得越来越难，那么对于少数不想接电话就不接，或者可以连放三周假的人来说，“失踪”就变成了一项最昂贵的特权。

我比较认同一点：技术会放大一个人的能力。技术令那些意图行善的人做出更多善事，也让那些想要为非作歹的人做出更多坏事。假设你是 ·名住在乌干达乡下的男了，而你的妻了即将临盆，如果你有手机的话，你就可以方便地叫来助产士，而不必奔跑 9 公里赶去最近的医院；假设汽车销毁方式中允许炸毁，如果你想炸掉一部汽车，那么手机就是个相当不错的简易爆炸装置的遥控器。按照这个思路推演下去，**技术会让爱炫耀的人更容易展示自己的财物，让位高权重的人更容易彰显自己的身份，而地位低下的人则更难逃脱它的束缚。**

设想有这样一种通讯设备：它被植入耳后，24 小时不停工作，那么它象征着怎样的身份？是地位更高还是更低？实际上两者兼有，具体就要看是谁在用，如何用。

这种设备会让位高权重的人更容易控制下属，下属们受到的束缚会更多，因为他们没法把这东西关掉。这项技术会把这两种角色的属性都放大，但是由于每个人都要接私人电话，所以真正的地位象征应当是不被植入这种设备。

科技产品越变越小的另一个后果就是，当设备变得不可见、纯粹变成声音控制的时候，对话本身就成了唯一可以拿来炫耀身份的要素。从某种方式来看，这是对地位的终极彰显。如果你对着某个看不见的东西说话，它是无法否定你的。对着音频界面说话的时候，它又没法说你在撒谎。“给我订一张明天飞往土耳其的商务舱机票，把酒店订好。然后给杰克打个电话，说我这周末不去高尔夫俱乐部了。谢谢，再见。”你有可能在跟秘书打电话，也有可能在跟手机里的人工智能程序通话。这很像那个老笑话，一个律师刚刚搬进新办公室，为了给第一位上门的潜在客户留下深刻印象，这位律师抓起电话说道：“很抱歉，但是我太忙了，没法接你的案子，报酬再高也不行。”他挂掉电话，对面前站着的男子说：“请问有什么可以帮您？”“噢，还真没什么。”那位男子答道，“我是来给你接电话线的。”

如何设计新一代的“表演装备”？

每一位时装设计师都知道，理解目标市场对身份符号的需求至关重要。这些身份符号能突显财富、个性、时尚程度等核心价值。对于设计普通产品的人来说，身份透镜也是个很有价值的工具。

在空调市场，有的消费者只关心实用性，他们认为只要能用就行；还有消费者既注重实用性，也很在意性价比，他们不但希望产品能用，还不希望付太多钱；而有些消费者在意产品的品牌，可靠的品牌一般象征着产品更耐用，更加人性化，大部分人希望买一个符合自己价值观的品牌，这个品牌最好既注重环保，又强调高品质生活，这有助于展现消费者自身的价值取向。

以中国市场为例。正如我在前文提到的，买房是生活中的大事，对家用产品的投资也随之变得越来越重要，因此展示自己的居家状况也变得越来越有意义。在购房热潮来临之前，或许你住在一栋简陋的房子里，你在这里长大，父母与街坊邻居有几十年的交情，他们经常到你家串门，但你不一定会邀请大学同学来玩。但是在今天，房屋本身，以及自有房屋的概念已经成为生活日趋改善的标志。因此，如果社会潮流促使越来越多的人邀请朋友来家里坐坐，那么买什么样的空调就变成了一件重要的事。是买一台非常实用但外观丑陋的空调，还是买一台造型不错的名牌产品？

想要理解人们想要什么，最有效的办法之一就是观察并记录，有些时候还要善于发问。你要明白，爱面子的心态会影响人们的答案，而且答案本身有可能就是对梦想状态的表达。虽然你得到的不一定是真实的答案，但有时谎言反而更能透露真相。如果你在进行一项用户调研，你一定想知道人们急于展现出哪些积极正面的特质，想要躲避或隐藏哪些负面的东西。进化心理学家杰弗里·米勒（Geoffrey Miller）给出了以下几个答案：身体特质，如健康程度、体形、样貌；个人品质，如责任心、亲切度、对新事物保持开放的心态；认知能力，如智商和情商。

每个人都渴望展现自己的某方面特质，这种渴望具有相当强大的力量。有些人比其他人更浮躁，有些人喜欢低调，有些人尽力避免展示自己的身份地位。我的工作要求我认真思考此人在任意时刻通过物品和外表展现出来的所有特质，不但包括积极的特质，也包括消极的特质，欧文·戈夫曼把这些物品和外表叫作“表演装备”（Performance Equipment）。我们可以把熟悉的阈值工具再一次拿出来，你可以问问自己：如果只允许你带最少的“表演装备”离开家，你会带什么？如果要请客人来家里，你最多能准备多少“表演装备”？

影响身份价值的因素还包括文化，为了深入理解这一因素，我会在后文引入几个阈值图。就像古罗马时期穿着长袍的习俗一样，同一件物品在某种文化里可能代表着很高的地位，到了另一种文化中可能意义完全被翻转。

> 对于伦敦人或纽约人来说，被阳光晒出的小麦肤色意味着此人很富有，他们有时间去热带度假，或是有实力去一趟美体沙龙。但在中国或泰国，这样的肤色意味着你是在田间劳作的农民，中产阶级都希望自己的肤色更白皙一些。因此，在泰国药房的货架上，你会看到数十种美白护肤产品；而在美国，昂贵的护肤霜都是有一定颜色的。

欧文·戈夫曼肯定会同意莎士比亚的观点：男人和女人都是演员，在人生中扮演着各种各样的角色。只不过这个世界并不只有一个舞台，而是由数百万个舞台组成，服装和道具有几十亿件，或许都有几千亿件。我们扮演的角色、说出的台词、做出的手势唯有与舞台布景相符合的时候，它们才有说服力。但是，恰当的服装和道具却能让我们在任意一个舞台上都能表现得从容自在。

第3章

接受曲线：找到第一批购买者

HIDDEN IN PLAIN SIGHT

从红极一时的 Nokia 到人手必备的 iPhone，怎样的动机让消费者集体倒戈？从纸质车票到地铁、出租车通用，甚至还可以网上购物的一卡通，人们接受新事物的五个独立阶段分别是什么？面对人人在线的互联网时代，设计师应该如何找到第一批目标消费者？

周五清晨的上班高峰时段，东京新宿车站的景象可谓现代世界的奇观。西装革履的上班族成群结队地通过验票闸机，走出车站，汇入更大的人群之中。他们会接着乘坐公交车，或是步行去往各个政府部门和公司。在东京地区的 3 500 万居民当中，每天会有 364 万人经过这个世界上最繁忙的车站。

站在人群边缘的有利位置（最理想的就是再手捧一杯刚刚煮好的咖啡），你可以亲眼见证车站的巧妙设计。通过验票闸机的时候，人们脚步不停，用放在公事包、钱包或手机里的电子车票往闸机的电子面板上一刷，听到哔的一声响起，闸门就会自动开启。现在已经很少有人往闸机里塞纸质的车票，那已经是机械时代的古董了。由于绝大多数人是每天都要经过此处的上班族，很多人都转而使用更方便的电子车票，也就是预付费的通勤卡，或者是安装在手机中的电子交通卡。

人群顺畅地通过闸机，这种毫无停滞的节奏证明了人类是多么心灵手巧，能创造出如此便捷的系统；也说明通勤者渴望、也有能力把一个每日重复多次的任务变得更加轻松便捷；还说明了人们愿意尝试新方法去适应新环境。15 年前，所有的验票口还都是机械验票，或是由车站的工作人员检票。看看纸质车票售票机前排的长队，再想想那张小小的纸片是多么容易被弄丢、撕破或揉皱，你就会明白人们为什么投入这么多时间和精力来开发数字支付方式了。

20 世纪末到 21 世纪初，日本引入了许多世界先进的消费行为。在基础设施方面的投资与科技生态系统的独特结合，组成了一道别处难以复制的风景。日本以非常完整的高科技制造基地为荣，或许更为重要的是，国民与企业的关系非常牢固，这也让制造链条变得更加完整。这一套令上班族可以顺畅通过验票闸机、不必停下脚步的科技手段，也可以用于自动售货机和便利店、让人们轻松与电子海报互动（即使用了 Suica 技术的广告海报，经过的路人可以使用 Suica 卡与海报互动，跟现在的二维码很像。——译者注），它还可以用在车站中的电子储物柜和出租车上。有一段时间，用户还可以用嵌入了这种技术的笔记本电脑上网购物，甚至到报亭购买一份晨报都可以刷卡，这真是新和老的奇异对比。

在绝大多数国家，电子支付与购票系统的主要卖点是让人们生活更便捷，节约购物时间。而在日本，它的卖点是通过另一种方式传达的：使用了它，你就可以为别人节省时间。

在日本，人们推崇“多替他人着想”的行为，国家宣扬群体比个人更重要，而在美国或德国等西方社会就不会有这种风气，他们一般更加自我。一个最能体现日本人为他人着想的例子就是，在冬天，其他国家的人戴口罩是为了抵挡来自他人的细菌；而在日本，生病的人戴口罩是为了防止自己的病菌传染别人。

在这种思路之下，人们会普遍认为在验票闸机前使用纸质车票，或是在便利店使用硬币结账就有可能耽误别人的时间。由于个人声誉取决于人们对社会规范的遵从程度，使用电子支付手段也是为了大多数人的利益。在每一种社会压力的核心深处都存在一种动力，激励人们做得更好、更多，或是去尝试一些新事物。

对于想把新产品和新服务推向市场的企业来说，透彻理解人们接受新事物的作用力就是成功的关键。这种作用力就是人们的动机、情境与社会规范会形成的冲突，是什么因素让有些人早早接受了新技术？为什么有些人接受得较晚，而有些人会拒绝接受？我们该如何通过对这个“接受曲线”（Adoption Curve）的理解来设计产品、寻找目标客户、传达信息？

从杂交玉米看市场细分

提起市场上最先进、最伟大的创新，一般人不会想到玉米。然而，正是在美国爱荷华州（Iowa）的玉米田里，关于“人们如何接受新事物”的现代理论萌芽生长起来。

20 世纪 40 年代，爱荷华州立大学（Iowa State University）的社会学家布赖斯·瑞安（Bryce Ryan）和尼尔·格罗斯（Neal Gross）进行了一系列调查研究。他们来到两个农业产区，研究人们对杂交玉米种子（为了提高产量，在不同品种的玉米之间进行交叉传粉而得到的新品种。——译者注）的接受过程。他们想知道人们如何接受、何时接受、为何接受，接受的人又是谁。

以这项研究为基础，同在爱荷华州立大学的经济学家乔·波伦（Joe Bohlen）和社会学家乔治·比尔（George Beal）总结出了一个模型，他们的成果在 1957 年发表之后，就被不计其数的学者、分析师、战略专家和学术界人士纷纷引用，这个理论远超过了农业产品的范畴。

比尔和波伦把这个模型称为“扩散程序”（Diffusion Process），他们把人接受新事物的过程分成了五个独立的阶段：

◎ 意识阶段：此人知道了这个新事物的存在，但他未必知道它是什么、有什么用、原理是什么；

◎ 感兴趣阶段：此人可能仍然对它了解不多，但他已经听很多人说起过，感到这个事物可能会有用，值得试试看；

◎ 评估阶段：这是一种发生在脑海里的测试，此人开始想象这个新事物走入了自己的生活；

◎ 试用阶段：他开始测试它的功能；

◎ 接受阶段：比尔和波伦对这个阶段的定义是“对新事物的大规模、持续使用”。

对于接受阶段的定义，我认为我更准确的说法应该是“他们对新事物感到满意”。“持续使用”与“感到满意”的区别很值得注意，因为前一种说法容易引起误解，让人们以为“接受”就等于“使用”。误解有两个方面：比如说，首先，某位女士购买了一台很新潮的相机。用了几周之后，她决定把相机留在家里，转而使用手机来拍照。但这不等于她放弃了这台新潮的相机，她或许只是把它放在家里用，或是留待特殊场合使用。

其次，价格敏感型的消费者常常遇到这种现象，他们已经不喜欢现有的东西，比如一部旧的翻盖手机，而是对一件新产品感到满意，比如一部 iPhone，可他们目前还没有拥有它，但他们已经在存钱，做好了购买的打算。如果他们已经对 iPhone 作出了评价，也试用过了，而且决定购买，那你能说他们还没有接受 iPhone 吗？起码我觉得这算是“准接受”了。

然而比尔和波伦的模型也有很多可取之处，其中最震撼、影响最为深远的一点就是他们对“接受曲线”的拆解分析。谁最先接受，谁最后接受，中间的人群又是怎样？走在最前面的是创新者（Innovator），这些人一般在社区内很受尊敬，而且跟外部世界有关联，因此能够接触到新事物。基本来说，创新者拥有雄厚的风险资本，他们可以负担尝试新事物的代价，不必担心万一失败会损失金钱或声望；紧随其后的是早期接受者（Early Adopter），这批人通常比较年轻，受过良好的教育，在社区中很积极，是活跃的媒介消费者。

创新者和早期接受者的一个关键动力就是天生的好奇心，他们渴望经常尝试新事物，拥有新体验。这种好奇心有可能让他们涉猎甚广，但样样都不精通，也有可能让他们把大量时间投入某个特定领域，成为专家。无论是以上哪种情况，都会让他们在圈子里（比如电游圈、摄影圈）成为重要人物，前一种人会把诞生于其他群体里的新概念引入自己所在的群体里，后一种人则会成为群体中的“先知”，率先了解自己专长领域内的一切新技术。

如果创新者和早期接受者在新事物的璀璨外表下发现了确凿无疑的好处，早期大众（Early Majority）就开始跟进了。这些人的年纪往往要大一些，或许教育程度没那么高，见识没那么广，但他们的意见很受人尊重。早期大众的影响力有可能相当大，但是如果品位是他们声望的唯一来源，那他们就不愿意去冒险接受一个可能没什么用的东西，因此他们会观望创新者和早期接受者的情况。后期大众（Late Majority）往往较为年长，不大跟得上新潮流，直到早期大众接受了新事物之后，才会引起后期大众的注意。最后一批就是落后者（Laggard），这些人可能会固执地反对变化，或是很不情愿地接受新事物，也有可能他们离社会很远，即便是早已普及的技术，他们也接触得很少。（如图 3.1）

在这些人之外还有一个族群——不接受者（Non-adopters）。我认为这群人还可以细分为两种：否定者（Recuser）和拒绝者（Rejecter）。否定者之所以不愿接受某种新产品或新技术，是因为他们觉得自己不需要，或者是没有这东西也能生活；而拒绝者的想法或许跟否定者一样，但他们还发现这项技术有违自己的世界观，并且把不接受的行为当成一种积极的抗议。举个例子，如果你问一群美国城市里的年轻人，他们对某个电视节目有何看法，否定者可能会说没看过，或是没时间看，而拒绝者更有可能带着强烈的自豪感回答你："我都 15 年没看过电视了。"

不接受者并非穴居人，他们知道这项新技术，甚至已经走过了早期的感兴趣阶段和评估阶段，但是在"接受曲线"的某一点上，他们发现新事物不适合自己。不接受者有可能是早期的否定者，试用了新产品之后发现它不符合自己的标准；也有可能是中期的拒绝者，看到了别人使用它，然后觉得用的人太多了，有违自己特立独行的精神。从某种程度上来看，这类人是在骄傲地拒绝，而早期接受者则是在骄傲地接受，接受者认为这件新事物将成为主流，而拒绝者对此嗤之以鼻。有些粗鲁的拒绝者会在车尾贴一张画，画上是一个小男孩对着某个新产品的标志撒尿；文雅一点的人则会穿一件印花 T 恤，胸前一个红圈，红圈里面是打了斜杠的某品牌商标。

比尔和波伦发表他们关于杂交玉米种子接受度的研究结果时，声称只关注两个明显的要点：**第一点是人们对种子的接受不是立即作出的决策，而是分阶段进行的；第二点是并非所有人都同时接受了杂交玉米种子**。为了解释第二点，他们表明，几乎在相同时段接受新事物的人具备某种相似的特质。事后看来，这似乎才是他们的研究报告中真正的关键点。这也是我研究接受过程的原因：接受时段正是市场细分的有机形式。精明的设计者和营销人员会根据接受曲线来精心设计产品。

身为研究者，我发现接受行为就像一个绝妙的透镜，可以让我们看清人们（和社会）在面对新事物时感受到的张力和压力。在我的客户看来，这个透镜也能让他们看到下一个消费者会是谁，这些人为什么愿意接纳新事物；同时能够反映出第一个接受者的某些特质，又能反映出发誓绝对不要它的人的某些特质。我们要花相当一番力气才能把某件产品推向市场，一旦它被放上货架，它所遇到的使用、消耗、被拒绝等行为会重新塑造它，也会影响它的市场潜力，并且最终影响使用者本身。

科技会改变我们的身体，电子游戏机和手机就已经让用户的大拇指进化了，这个曾一度只是抓握东西的附属器官，如今变成了某些人身上最为灵活的部分；科技还会改变我们的头脑，以及我们决定存储在脑中的东西，想想你上次背电话号码或者做心算除法是什么时候的事吧。

在一份名字叫做《谷歌对记忆力的影响：用指尖获得信息的认知结果》（*Google Effects on Memory: Cognitive Consequences of Having Information at Our Fingertips*）的论文中，来自哥伦比亚大学、哈佛大学和威斯康星大学麦迪逊分校的研究者们发现，互联网的出现削弱了人们从记忆中获取特定信息的能力，却提高了人们回想起“如何从网上获得，从网上何处获得”的能力。他们把这个现象称为“谷歌影响”。在总结时，他们建议道：“我们对高科技产品的依赖程度，已经与从朋友和同事那里获得知识的依赖程度一样了。如果手机或平板电脑不在手边，我们就无法得到新知识。失去网络联系的体验已经越来越像是失去朋友。为了知道谷歌知道些什么，我们必须保持时刻在线。”而这纯粹是因为便利的工具和信息需要我们在线。

这些变化发生的速度也越来越快，这倒不是因为科技的变化速度加快了，而是因为我们对科技的应用方式变化得太快。主流群体加快了对新工具的接受和舍弃的频率。人与人、人与物、物与物，越来越强的联结性意味着，是否要选择一项新科技的问题已经逐渐等同于是否要加入它所占据的网络，从最广义的角度看，这就等于是否要加入某个社会群体。

我们会认为，拿在消费者手上的设计产品已经做好了准备，它们会被人触摸，被独特的使用环境塑造，同时它们也附带有一系列关于如何使用的假设与可接受的使用范围。当科技把人类现有的行为放大之后，它允许我们记得更多事情、把声音传得更远，但我们不能想当然地以为，与这些行为相关的社会价值会做好改变的准备，适应我们对新技术的应用程度。

比尔和波伦的研究能够揭示的，以及我认为定性的、基于背景的研究能够揭示出的本质共有两点：首先，社会压力会造成选择分化；其次，随着接纳者对尚未接纳的人施加影响，这种压力会沿着“接受曲线”逐渐增大。前文可以让你对这种发展趋势有所认识，你也会初步了解到反思设计和行为设计是如何影响社会机制的。现在让我们来更深入地看一看，当社会压力大到足以改变“接受曲线”的形态时，将会发生什么。

看社交账号识人

我们在第 2 章里看到，彰显社会地位、获得他人认同的渴望会影响人们的行为。例如，决定谈话的哪个部分可以被外人听到，或是改变穿衣风格来迎合某个社会阶层的品位。现在，我们来看看这种渴望将如何改变“接受曲线”，实验的背景设在了一个社会压力最大的情境里——高中。

2011 年，我在尼日利亚开展了一项研究，这里是非洲人口最稠密的地方，如果哪家公司能够在此地打开市场，回报将相当巨大，同时也会非常复杂。就像非洲的许多国家一样，尼日利亚年轻人居多，它的人口平均年龄比欧洲或北美国家低一半（2012 年，埃及人口的平均年龄是 24.9 岁，尼日利亚是 18.4 岁，乌干达是 15.2 岁，而英国是 41.2 岁，加拿大为 42.4 岁，美国是 38.5 岁。——译者注），对技术的接纳程度反映出两个特点：年轻，对价格相对敏感。

几乎全世界的青少年都有自己的社交网络账号，这是这个年龄段人群的天性。由于非洲人口比较年轻、社交活跃，因此社交网络在生活中就显得尤为重要。在当地征募团队成员的时候，我们可以从候选人的背景资料看出，他们经常使用 Facebook。在尼日利亚，Facebook 非常火爆，它的标志在报纸上、当地运营商的宣传海报和手机公司的广告里随处可见。

无论是在哪个国家，一个很显眼的外国人出现在当地，总会引来一些人的关注和结交的愿望。而在尼日利亚，人们会默认为你很有趣、很富有，是个潜在的生意合作对象或值得结交的人，他们会认为你可以帮助别人过上更好的生活（我们这项研究关注的是较为贫困的社区，在这种地方，对富足生活的要求更为普遍）。

按往常的经验，对方一般都会在交谈进行到一半的时候向我们的团队成员要电话号码或电邮地址，但在尼日利亚，他们会直接问我们的 Facebook 账号。从提问者的表达方式与表情能够看出，他们知道这是一个可以问的问题，但他们不一定都有 Facebook 账号，也不一定了解它的添加好友服务。

如果我向你要联系方式，你会给我家里或单位的通信地址，还是留个邮政信箱？你会留电邮地址还是即时通信账号？或是 Skype 账号？抑或是座机号码、手机号码、推特（Twitter）账号？答案取决于我为什么要问这个问题。但每个人都会对这些联络媒介有种不断进化的嗅觉：能够判断出它是新潮还是已经过时，它很普遍还是只有极少数人用，它在功能上有哪些优缺点。当某人向你索要（或给你）一种未曾听闻的联系方式时，你的情绪会受到刺激，部分原因是，它说明你得额外花点力气去了解一个新东西，还有一部分原因是，它暗示你即将被时代的潮流遗弃了。

未来学家阿尔文·托夫勒（Alvin Toffler）曾经把在过短时间内经历过多变化的心理影响称为“未来震撼”（Future Shock）。当今世界上的每一个人都经历过这种感受，但是这种未来震撼发生的速度和频率，以及因为是否接纳新事物所产生的后果，都在不断地发生变化。

在尼日利亚调研时，我听到一位来自南非的家长谈起一件事：

> 一个夏天过后，他儿子班上的孩子们全都把手机从诺基亚换成了黑莓，这主要是因为黑莓手机里面装有一款独特的聊天软件 BBM，只能在黑莓用户之间使用。如果一个班级有 30 个学生，最活跃、最受欢迎的 8 个孩子已经用上了黑莓手机，剩下那 22 个孩子要不要也换一部黑莓？如果他们仍然使用诺基亚手机，他们会错过哪些话题？他们的生活将会跟其他同学有什么不同？如果使用黑莓的不是 8 个最有影响力的孩子，而是只有两个，情况会怎样？如果只有 1 个呢？使用人数达到多少个之后，黑莓手机才会成为交流的唯一渠道？在何种程度上，“是否使用黑莓手机”的决策会等同于“是否融入这个群体”？

这些问题令我想起过去 15 年间我目睹的人们对手机的接受进程。主流群体不断向落后者施压，敦促他们购买一部手机。施压的一种方式就是，手机使用者心里已经建立起了一种期望：有了手机，他们就可以随时随地给想要找的人打电话。如果对方只有座机，他们就会觉得很失望。

在某个时间段，社会上开始流行成年人给亲人（一般都是长者）

购买手机，因为跟沟通不便利相比，购买一部手机的成本不算什么；同时公司也会给员工配手机，不管员工本人是否愿意。且不管落后者是如何决定接受手机或其他新技术产品的，**一旦压力达到了转折点，即落后者感到不得不接受这件产品时，这基本上就标志着社会规范已经发生了变化，对这项技术的使用已经不仅仅是标准配备，而是符合人们预期的、必然会发生的事。**

然而，早在“接受曲线”发展到“大众开始向落后者施压”这一点之前，社会影响就开始扮演重要角色了。这种影响有可能来自大众媒体，但更常见的是来自身边人的压力。政界有一句俗语：“一切政治问题都是内部问题。”因为人们最关心的其实都是身边的事。接受行为也是一样，人们对待新事物的态度会受到身边人的影响。

南加州大学公众健康硕士托马斯·瓦伦特（Thomas Valente）投入了大量时间来研究社交网络及其对创新扩散的影响。在他的著作《创新扩散的网络模型》（*Network Models of the Diffusion of Innovation*）中，瓦伦特提出了一个理论：**通过人际关系网络的阈值模型，可以预测人们对新事物的接受行为。瓦伦特认为，接受行为中的关键因素就是某人身边已接受新事物的人数，当这个数字到达此人的阈值时，他也会接受这个新事物。**

瓦伦特分析了以下数据：20 世纪 50 年代美国医生对四环素的接受过程，60 年代巴西农民对杂交玉米的接受过程，70 年代韩国已婚妇女对计划生育的接受过程。这些数据与比尔和波伦的观察是一致的：最早的接受者，也就是创新者，受到广义上的社会的影响最大，而受到自己的人际圈的影响则小得多。因此，创新者的人际关系网络阈值非常低，或许就是零，这意味着即便在没有一个朋友接受新事物的时候，他们也会接受。

然而瓦伦特发现，除了创新者，不同类型的人的阈值情况也不同。

一个阈值高的早期接受者可能很早就接触到了某个新事物，但他会等到身边许多人都接受之后才会接受；相反，一个阈值较低的早期接受者可能很晚才知道某件新产品，但他很快就会接受，所以接受的时间点跟前者差不多；相似地，低阈值的落后者可能就属于瓦伦特所称的“隐士”（Isolate），他们一直没有接触到新事物的信息，到了很晚才知道这回事；而高阈值的落后者可能会一直反对新事物，直到身边太多的人都接纳了它，才不得不跟随潮流。瓦伦特的研究揭示出三条重要的道理：

◎ “接受曲线”只能反映出部分事实，在同一时期接受新事物的人未必受到了同一种影响；

◎ 无论是早期接受者、早期大众还是落后者，都可能迅速受到身边人的影响，而另一些则有可能观望许久再作决策；

◎ 在广义社会圈子里被视为落后者的人，很可能在自己的人际圈子里属于早期接受者，反之亦然，这取决于他们的圈子是如何与社会体系产生联系的。或许你认为你的老妈是个反技术派，可在她的朋友们看来，她却是个时尚潮人。

那么，在当今这个线上社交网络里，这些制约接受新事物的社会因素如何发挥作用？在尼日利亚的网友可以跟美国人一样，接触到同样的最新科技信息，只是网速可能会慢一点，所以落后者可能是因为人际关系阈值比较高，而不是生活得太闭塞。要知道，制约消费的经济因素与制约接受新事物的社会因素不一样，起码在比尔和波伦对“新事物的满意度”的定义上就不一样。

我们也会看到，那些阈值较低、希望成为朋友圈中的领先者、第一个使用新产品的人会承担更大的压力。他们必须提前接受新事物，其中的风险在于他们不知道新产品到底好不好用，而且他们也要用上足够长的时间，免得失去影响者的权威，如果他们押错了宝，那就大肆批评一番，然后丢到一旁。

由于许多有待被接受的创新科技要么跟社交网络有关，通过这些网络招徕顾客，要么干脆就是社交网络本身，因此我们很容易分辨谁是落后者，谁是思想超前的影响者，谁纯粹是为了领先潮流而迅速接受新事物的人。有些人不管自己以后用不用新服务，也要先开个账户，这是为了把自己喜欢的用户名先注册上（也就是所谓的“占坑”），既是为了自身的便利，也是因为它能从某个角度反映出该用户是在什么时候开始使用这项服务的。当所有行为都能留下数字足迹的时候，在整个网络上，谁是内行，谁是外行，谁是影响者，谁是被影响者，全都一目了然了。

色情片市场与“反射式吸引”

到目前为止，我们一直在微观范围内分析接受行为，探讨人们何时接受新事物、动机是什么、身边的人如何影响决策，以及如何去影响身边的人。现在让我们把放大镜移开，把视线移到更为宏观的层面上，看看文化如何促进或抑制接受行为；学会在大众市场中识别早期接受行为，以便得知新技术会对整个市场产生怎样的影响；观察当创新科技想要突破限制时，会遭遇什么挑战。每当我作实地调研，想要对宏观市场有所了解时，我就会从一个看似无关的领域开始——当地的色情片市场。

中国有句古话：食色性也。意指吃饭和性爱是人的基本欲望，但有些人对性爱达到了痴迷的程度。请你花点时间，在脑子里过一过你今天的想法，想想你遇到了哪些人，你的眼光和念头都停留在哪里。

色情片市场的规模很大，单是美国每年就有 140 亿美元的消费量。跟它那个规模更大、声誉更好、名叫好莱坞娱乐业的兄弟相比，色情片行业的收入达到了前者的 1/3。在我的工作中，色情片市场之所以会引起我的注意，是因为它属于“引人入胜的内容”，人们对它的需求足够强劲，很多人愿意为之花费金钱。或者换句话说，色情片有足够的力量，能驱使人们接受新技术。

世界上还有很多引人入胜的内容，因地而异，因人而异，比如体育运动、天气预报、能够拯救生命的医学信息等，而且这些都很有趣，但是在我看来，它们缺乏一个特点——禁忌，正是这个特点让色情片在调查研究中有了极大的吸引力。与色情片相伴而生的社会耻辱感突显出“反射式吸引”（Reflective Appeal）的概念，也就是说，有些产品会彰显出使用者积极正面的特质，人们会受到这种产品的吸引；同样，人们也会去寻找那些能够把他们的阴暗面隐藏起来的产品。对于像色情片这种充满禁忌的内容，会让人们想出许多别出心裁的变通做法。这意味着色情片消费者在不断地寻找新的、不显眼的、多样的方式来消费。

售卖色情片的小贩（摊点多设在临时市场里）往往是个很好的标杆，能清楚地反映出当地市场上消费的规格是蓝光碟、VCD（这在印度和部分亚洲地区很流行），还是录像带。色情片市场能够反映出一个文化与其他文化的联系：他们从哪里进口色情片？美国、欧洲、日本，还是自己拍摄？坦白说，这种市场值得一逛的原因还有一个：在这里了解色情片的消费状况，总比在大街上随便找人聊聊来得容易。

有一次，我带一位研究人员金永熙（Younghee Jung）去印度的旧德里(Old Delhi)。市场里有位店主邀请我们去店里坐坐，喝杯茶，在印度的市场里闲逛时，经常会遇到这种事。聊到手机的话题时，店主掏出他的手机（刚好就是个诺基亚，但他不知道我们受雇于这家公司），让我们看当时印度最火爆的一段不雅（Oral Sex）视频。

我们有点惊讶，这段视频虽然大多数人都看过，但是在印度法律中，传播这种东西是违法的。让我们更为惊讶的是，这位店主基本上是个技术盲，也就是说他为了把视频存到手机上，应该恶补了不少手机知识。他向我们解释说，以前他从没用过手机的蓝牙功能（Bluetooth，支持短距离文件传输。——译者注），但为了在手机上保存这段视频，他还是努力学会了。他还主动提出，如果我们想要，他可以用蓝牙把这段视频传给我们，这进一步表现出他已经熟练地掌握了这项技术，以及他作为早期接受者的渴望。或许你早已习惯了这种网络上的病毒式传播，但需要记住的是，技术和媒介的传播也常常发生在线下。

色情片在公开场合露面，这也能反映出社会风气的变化。2008年我去阿富汗首都喀布尔（Kabul）的时候，花街（Flower Street，阿富汗著名古玩市场。——译者注）上的DVD摊档卖的是宝莱坞电影、战争片和动作片。一年之后，他们开始公开售卖色情片，这与昔日情形大不相同。以前，当地社会着力避免女性形象在公众场合出现，以至于洗发水包装上的女性面孔都被划掉了，免得男人看了分心。公开售卖盗版进口色情片现象的出现，可以看成是主流社会对性的态度更加开放的一个标志，也可以被毛拉（Mullah，伊斯兰国家对老师和学者的敬称。——译者注）引为西化堕落的证据。不过，本土色情片行业还没有出现，当地制作的内容还没有流传到海外，也没有面对女性、男同性恋、女同性恋观众的色情片。这些现象一旦出现，就标志着社会有了更大的接受度，就像临时的小摊变成了固定商铺一样。10年前，中国人不敢在公共场合讨论与性有关的话题，但如今几乎每个社区都有公开贩售情趣用品的商店。

当你想了解一个地方的文化风气，分析它与人们对新科技和新概念的接受度之间的关联时，去色情片市场转一转只是一个快速而隐秘的手段。它是传统人种学研究方法的有效补充，但不能完全替代。色情片的消费动力天下皆同，它的市场也是一样。在埃塞俄比亚（Ethiopia）或印度这样的国家里，色情片市场会被推至视线之外，或是转入地下，但这只会让商贩们找到更为别出心裁的方式去满足消费者的需求。在亚洲某些国家，色情片是非法的，但有些小贩找到了微妙而独创的方式去销售他们的产品：一名妇女抱着仍在哺乳期的婴儿，站在市场边上。婴儿（有时候是假的）成了一个可被社会接受的借口，人们有了跟这名妇人攀谈的理由，而色情 VCD 或 DVD 可能就藏在襁褓之下。

上述案例给我们的启示不是全世界人民都热爱色情片，愿意多花点时间(比如学习新技术或装作逗弄假婴儿)去得到它。真正的启示是，道德准则对人们是否接纳新事物的行为有着巨大的影响，唯有当你理解了道德限制的边界，以及人们对此作出的决定之后，你才会理解人们的接受行为。

例如，阿米什人（Amish，生活在美国和加拿大安大略省一带，以拒绝汽车及电子产品等现代设施,过着简朴的生活而闻名。——译者注）由于宗教原因拒绝接受大多数科技手段，而且他们认为在简朴的农场生活中也不需要什么科技。然而，在网络文化“发言人”凯文·凯利（Kevin Kelly）的眼中却不是这样。这位比绝大多数同行都领先了两步的科技作家花费了大量时间，探访全美的阿米什社区，研究他们的接受行为,并在《科技想要什么》(*What Technology Wants*)一书中写道：“阿米什人根本就不反对科技，我发现他们特别心灵手巧，动手能力极强，而且对新技术非常支持，这一点令人十分惊讶。许多阿米什人都在做木工的时候使用电动工具，还经常使用电动马达，把机器改造成气动的（使用柴油发动机给压缩的空气罐供能）。”

凯利还写道：“尽管每个阿米什社区都有自己的行为规范，但他们对于科技的普遍态度是，如果它能增强社区的实力，让社区更为团结，那就可以使用。但是，由于与世隔绝的传统习俗，他们必须远离电网。阿米什人发现，如果他们的家园通过电线跟镇上的发电机相连，他们就必须遵从镇上的生活节奏和政策，关注镇上的人们关注的问题。阿米什人的宗教信仰是建筑在‘出世’原则上的，因此他们需要尽可能地与社会保持距离。”

虽然阿米什人的文化比较特殊，但认为他们厌恶科技的假设是完全错误的，这会彻底改变外界对阿米什人生活的看法。实际上他们只是挑选标准比较严格，只用适合本族生活方式的科技产品而已。

想要理解某种文化如何接受或拒绝创新，最好的方法就是亲自去那里看看。你可以了解到这种文化所独有的社会边界，理解人们接受某种新产品是纯粹出于“反射式吸引”，还是出于行为上的吸引；是支持的力量占上风，还是拒绝的呼声更高。如果研究方法正确，你就会看到接纳行为背后的情感，而对情感的分析是不可能从定量数据中获得的。

然而，如果这项技术太先进，先进到你感兴趣的那个社区或国家还没有使用它，那么到率先接受它的地方去看看也是有帮助的。这些地方的文化不一定对技术最为敏感，只不过是在某个特定的方面先迈了一步。如果你想看最新的显示技术，应该去韩国首尔；要看手机支付服务，肯尼亚的模式最好；而东京则是观察高度整合服务的好地方：票务、非现金支付、定位服务（Location-based Service）等应有尽有。

说到手机应用，“前沿科技”可以有很多不同的含义，美国、日本、阿富汗、加纳（Ghana）、肯尼亚和印度都值得前去探访一番，了解他们的手机生态系统。在上述任何地方，你都可以看到人数足够多的群体在独特的文化环境下，把技术与文化进行了独一无二的结合。即便技术在各地都是相同的，当你仔细观察技术如何融入当地人日常生活的时候，那个地方的微妙而独特的特质也会让你更加深入地了解人们的接受行为。

你读到这一段的时候，新技术可能已经在意想不到的地方出现了。暂时位于“接受曲线”前端的国家和地区可能会率先应用这项技术，而其他国家也会迅速迎头赶上。随着创新产品的互联性越来越强，我们对世界其他地区的人们接受了哪些新东西也一清二楚。就连“社区”和“人类生态系统”的概念都处于进化当中，它们的社会性也越来越强，越来越无形，国家、文化和语言之间的界线正变得越来越模糊。

导致产品更新换代的“弃用曲线”

任何一场有前瞻性的、关于人们对新技术的接受态度的讨论都必须面临一个问题：面对未知的将来，人们会自然而然地产生希望，也会心存恐惧。

在《科技想要什么》一书中，作者凯文·凯利娴熟地利用了这两种情绪，他的理论是，创新的结果是不确定的，我们无法控制它的轨迹朝着更好还是更坏的方向发展。在技术运用方面有一个反复被重复的主题：技术会把现存的行为放大。在这种背景下，我们唯一能够预言的就是，接受某项技术的人，就是那些会用它把自己的行为在最大程度上放大的人。

接受新事物的机会、风险和后果，在很大程度上取决于新事物所处的情境。从纽约、东京这样的国际大都市，到阿富汗、乌干达等国中相对偏远贫困的地区，我一直在探索，如果每个人生来就相互熟识，世界将会变成怎样。

如果技术允许你把眼前的某人与和他相关的网上资料挂钩，我们的日常生活将会变成什么样子？现在，能达到这个目的的方式有很多。当人们经过机场安检时，工作人员可以通过登机牌和护照核查旅客的联网信息；社交网站的照片上传工具可以标记好友；Facebook 和 Twitter 还可以上传位置信息。从基础建设的层面来看，个人信息共享的技术已经完备，但在我写下这些的时候，它们还没有在手机服务中成为主流。可想而知，这种技术在手机客户端的应用将会给人们的生活带来巨大影响。

你是否认为这有一种“监控天下”的感觉？那就对了，因为按照当今的大多数衡量标准来看的确如此。但是，它也突显出我们在隐私方面作出的妥协：出于交流、共享人脉关系与生活经历的渴望，我们把越来越多的私生活贴到了网上。当你在担忧公司和政府会利用你的个人信息做些什么的时候，你实际上也在顶着社交或消费的名义，通过功能详尽的工具来发布和散播这些信息。要保护自己的隐私，不过也别忘了适当在社交圈里展示一下自己。

有一项技术已经掀起了波澜，但它的时代尚未到来，这就是实时人脸识别技术。只需打声招呼的时间，它就可以捕捉人脸图像，并与此人的网络身份，以及与之相关的一切信息精确匹配。这项技术还未到普及阶段，目前机场和海关首先应用了这种技术。迟早有一天，人脸识别技术会被应用到你的手机上。

在东京街头，我们得以亲身经历这项技术如何应用到商业领域：装有摄像头的高科技广告牌可以扫描行人的面部特征，判断出他们的性别和年龄，并根据这些信息显示出适合他们的广告内容。在有些人看来，这意味着营销手段变得更具侵略性；在另一些人看来，这意味着推广手段更加信息化。无论从哪方面看，这都是对原有行为的放大。

到了某个阶段，人们也可以通过智能手机进行人脸识别。谷歌已经开发出了这种技术，但考虑到隐私问题，所以没有投入使用，但迟早会有某个抱持不同道德准则、极其坚持消费者主张的开发者把它推出来。尽管有关隐私的争议会引起消费者强烈的情绪反应，但近期的历史记录显示，消费者愿意牺牲一部分隐私来交换有价值的东西。例如，不少智能手机用户愿意让服务商追踪他们的所在位置，换得地图上的一个蓝点。至于消费者明不明白这些交易的长远影响，那就另当别论了。

我敢肯定，将来必定会有人推出很有吸引力的面部识别程序与服务项目，其功能强大到足以让人愿意接受，比如帮人交朋友，提供八卦消息，或是透露出人们在社会中的层级和地位。这给那些想找朋友、谈恋爱的人提供了新的资源渠道，可居心叵测、想干坏事的人也获得了相同的信息。

2010 年，我在阿富汗进行一项调查，研究对象是人们对当地一项手机转账业务 M-Paisa 的接受程度。调查中，我需要去一趟贾拉拉巴德（Jalalabad），这地方在巴基斯坦边境附近，那天正逢美军宣布从伊拉克撤军。在城市的另一边，人们正在游行示威，目的是敦促联军尽快宣布从阿富汗撤军。

在任何调查研究中，了解街上的情况都是必需的，同时我也应该让街上的人们了解我。我希望他们看到的是一个友善的家伙，拿着相机，不时地跟他们闲聊几句。假设他们的手机拥有人脸识别技术，只要给我拍个照，就能立即知道我是谁、我从哪里来、我为谁工作。这样他们就会知道，我这个西方人到底值不值得被绑架。

一方面让我觉得宽慰的是，他们有了工具，可以了解我的真实意图；而另一方面，如果他们怀疑一切有企业背景的外国人，那我也不可能瞒过他们。这就是科技进步的悖论：它可以帮助我们成为想成为的人，也允许其他人揭露我们真实的身份，无论我们隐藏身份的意图是好还是坏。

在思考人们和社会如何接纳下一波科技浪潮的时候，还有最后一件事需要牢记在心：当一个全新的产品进入视野时，我们会自然而然地感到兴奋和激动，并且把关注点放在谁会率先接受这件新产品、何时接受、为什么会接受上，同时忽略即将过时的上一代产品。但是，就像每样东西都有"接受曲线"一样，它们也有"弃用曲线"。前进的理由总是存在的，弃旧迎新只是时间或方式的问题。

> 新技术淘汰了旧方法，比如电话亭、打字机、手动钻头的退场；社会与工种发生了变化，剑鞘和唤仆人的铃铛都没用了；也有可能是某样东西的新鲜劲儿过去了，比如宠物石头（Pet Rocks，曾有人把石头当宠物售卖，避开了养宠物的麻烦，这个产品曾风靡一时。——译者注）不再显得那么酷了。
>
> 我们身边到处都是过时行为的暗示：音乐会上，人们举起手机屏幕上的虚拟打火机；手套箱、笔友、DJ 这样的词汇已逐渐没人用了；就连电脑屏幕上的小图标都能说明问题，它们代表的那些实物我们早已不用了，比如记事本、信笺、回形针、钢笔等。将来，这个弃用物品的清单或许还能列得更长些：纸币和硬币、任何形式的实体票据、金属钥匙、汽车后视镜等。正如自我形象、人际关系网络、风俗习惯、风险因素都会影响"接受曲线"的形状和阈值一样，它们也会影响"弃用曲线"的波峰波谷。

在创新者、早期接受者、早期大众、后期大众、落后者、拒绝者的另一边，存在着浅尝辄止的人、早期放弃者、早期大批离去的人、后期大批离去的人、顽固派、终身不肯放弃的人。每一项技术都像是寄居蟹的壳，用户选择它，是因为当时它符合自己的需要。就像寄居蟹会不停地换壳一样，当人们的需求发生了改变，或是找到了更加适合自己的东西时，他们必定会弃旧迎新。

第4章 什么才是随身必需品

数字化减负让人们得以把大部分物品存储到云端，因此世界上绝大多数人的出门三件套都是钥匙、现金、手机，而非面包、金条和手枪。安全感、便利性和归属感始终决定着哪些物品应该离我们近些，哪些东西可以暂时放在一边。

我想请你把今天出门时身上带的所有物品作个盘点，在心里想也行，拿出来放在桌面上清点也行。把衣服放到一边不算，逐一掏出自己口袋里的东西。接下来，打开你的钱包、背包、手袋，把每个小袋里的东西都掏出来，包括包袋底部的烟草渣和糖果屑。把同类型的物品归为一类，比如钥匙、便笺、收据等，全都挨个放好。请你把它们视作单个物品来清点，同时也要留意全貌。现在请你想一想：

◎ 今天你是怎么把这一样样东西带在身上的?

◎ 在你的所有物品中，为什么你只挑选了这些随身携带?

◎ 其中有多少是出于你今天的决定?

◎ 有多少是出于习惯?

◎ 在这些东西里挑选一下，不管今天星期几，有哪些是你不带就没法出门的?

如果你是个都市人，或者生活在郊区，那你出门必带的三样东西应该跟世界其他地方的读者没有区别：钥匙、现金、手机。这个答案有可能看上去平淡无奇，没什么惊喜，但它也算是一个测试，说明全世界的人有多么相似，事实上我们的生活方式和重视的东西都差不多。如果你不属于大多数，也别担心，适当的时候我们就会讲到这些例外情况，它们就像规则一样，能够反映出很多信息。

你随身带些什么？你认为哪些东西必须携带？更重要的是，你为什么要带这些物品？这些问题能够反映出许多深刻的信息：你每天的行为习惯，你的希望、价值观、信念，你如何与外部世界联系，以及外部世界又如何回应你。对于那些希望设想并创造出新一代产品的人来说，“人们为何要携带这些随身物品”的命题就像潘多拉的魔盒，蕴含着无数可能性；对那些想要替代并重新发明这些必带物品（钥匙、现金、手机）的人来说就更是如此。

从最基本的层面来讲，我们携带的东西与进入外部世界时必定要用到的物品，都是帮助我们生存下来的工具。对这个问题研究了十几年之后，我发现“钥匙、现金、手机”这个三件套是放诸四海皆准的。无论研究对象属于什么文化、性别，经济地位如何，多大年纪（从青少年往上），都是如此。

这三样东西满足了我们最基础的需求。现金让我们买到食物，维持生计；钥匙让我们回到栖身之所，也在我们外出时保障财物安全；手机让我们能够跨越空间（打电话、发即时消息）和时间（发邮件）与他人相连，它也是一个终极的安全保障：万一遇到紧急情况，人们可以用它与不能立即到场的人联系，作出安排。

当然，钥匙、现金和手机能够提供的东西远远超过生存机制，因为人们想要的总是比基本保障更多。世上的绝大多数人，甚至包括那些相对贫困地区的人，都已不必为生存问题担忧，随身携带的物品也比生存必需品多。你也会看到，还有许多其他因素也会起到重要作用，比如地位、自尊、瘾癖、人际关系等。从本质上说，携带行为即是知道我们的东西放在哪里，恰当的时候能够拿到它们，并对它们的存放有安全感。当我们走进外部世界和回到家里的时候，正常生活的能力取决于安全感、便利性、可靠的解决方案、归属感，这些因素让我们决定携带哪些东西。为了避免丢失、遗忘、遭窃，我们发展出一套习惯和策略，渐渐地，我们也学着把携带实体物品的那一套经验移植到非实体的、数字的物品上。

“炫耀”与“保护”不可兼得

我第一次去中国上海是在 2004 年。我从欧洲坐飞机过去，被时差折磨得苦不堪言。下飞机之后，我坐上出租车，穿越一片荒凉的冬日大地，抵达市内的酒店。那次的研究团队里有一位高个子的金发瑞典人，名叫帕尔（Per），还有一位从北京的研究实验室来的同事，名叫刘英。我们此行的目的是为一个对“随身物品设计”感兴趣的客户调研人们的携带行为和与物品的交互情况。此前我们在旧金山和柏林待了一个月，上海是第三站。虽然已经略感疲惫，但是我们见面后依然一头扎进了研究中，每天花大量时间来筛选海量数据，并渐渐从中发现了一些规律。

在上海，我们遇到了一位年轻的女士，她的名字叫梅里。她答应做我们的研究对象，我们使用如影随形的研究方式（也叫作“经允许的跟踪法”）来观察她每日的生活，捕捉她与物品互动的重要瞬间，还要尽力不让我们的存在影响到她。

我们跟着梅里走在市区，从公交车到购物中心，从街边长椅到餐馆。我们发现了一件有趣的事实：梅里的视线从没离开过她的手袋。说得更准确点，应该是她一直把手袋拿在手中。一整天下来，她从没把它放下来过，就连在精品鞋店试一双漂亮的黑色长靴时，她也没有松过手。

每个城市都有失窃的风险，可是，从米兰到柏林再到旧金山，这一路下来我们从没见过有人像梅里这样对待自己的手袋。她把手袋牢牢地抓在手里，把拉链拉得严严实实，在她对安全问题很警觉时尤其如此。有那么短暂的一刹，她正在包里找东西的时候，手机响了，分散了她的注意力，所以有一两分钟的时间，她的手包敞着口，没有拉上拉链。当她发现这一点时，脸上明显流露出自责的情绪，好像在责怪自己不该放松警惕，就连一刹那也不行。

这种谨慎看似有些极端，但也不是毫无道理，因为在她看来遭窃的风险比世界上绝大多数大都市都要高一些总会存在。然而，这件事却让我们的研究团队意识到，我们在某种程度上其实与梅里很相似。虽然我们不会时时刻刻都抓着手袋不放，但是，如果在一个灯光昏暗的酒吧里，我们往往都会把包放在离自己很近的地方。相反，你有没有去过那种气氛友好、离你家很近的咖啡店？在那里你会放心地请陌生人帮你看一下包，然后去洗手间。

我们把这个参数称为“离身范围”(Range of Distribution)，也就是当人们外出时，愿意与自己的物品相隔多远的距离。人们有意识或无意识地作这种决策时，其标准很简单，而且基本上四海皆同，这主要取决于人们认为丢失的风险有多大，带在身边的便利性有多高，以及实际这样做的必要性有多大。当风险和便利性都很低的时候，物品可以离自己比较远；如果便利性很高，它们就会离自己比较近；如果风险较大，它们就会被留在某个安全的地方，可能是身边，也能是被稳妥地锁起来，甚至放在一个“彻底无形”的地方。

在背景研究中，离身范围是个非常有用的透镜工具，因为它可以帮助我们看到人们对环境和自身风险的感知程度。在中国和巴西的公交车上，你经常能看到乘客把背包转过来背在胸前（这应该叫“胸包”才对），这就是离身范围很小的明证，它说明失窃的风险高，而且人们也敏锐地察觉到了风险的存在。他们知道，万一有小偷伸手过来拉拉链，自己需要快速作出反应。

有时，当地政府的一些保护措施反而会加剧这种行为。2010 年上海世博会之前，上海地铁里安装了机场式的 X 光安检仪器，我发现大多数乘客的行为都相应地出现了变化，他们明显变得焦虑了，尤其是在客流高峰时段。把包放到传送带上之后，许多乘客都绝望地盯着它，有些人还不愿松手，就好像传送带会突然造成时空断裂，把自己的宝贝传送到另一个时空似的。一旦包袋进入安检机器入口，肯定不会再返回，于是乘客们的注意力和行为立即就移到了出口，他们迅速地走到机器另一端等待着，自己的包刚一出现就赶紧把它拎过来。如果哪位乘客走一下神，哪怕只有一刹那，他就是在冒险，因为他的包可能会被别人拿走，然后这个“别人”会隐没在高峰时段的茫茫人海中，这和出现时空断裂的后果一样可怕。

最理想的或可以接受的离身范围取决于一系列环境因素，比如所处空间的物理性质、人对这个空间的熟悉程度、是否有熟悉的面孔出现（包括那些我们认识但没说过话的人）、陌生人的数量、邻近的人在做什么、总体看来这个空间以及其中的人们的整洁程度、携带物品的类型、它们的真正价值、物主认为它们值不值得被偷、时间点、空气质量、天气状况等。

在特定背景中，这些因素很可能创造出某种被大众接受的潜在规则，不遵从潜在规则的人会很显眼。如果与大多数人的行为差距太大，我们会认为这位异类的行为是偏执的征兆，或者是缺乏对周边环境的认识。这就是游客容易成为窃贼目标的原因之一，也正是因为这样，有经验的旅客会仔细观察当地人的模样，找到融入的线索。但它也有可能暗示出，物主认为这件东西到底有多大价值。从外观上看，一个装满一美元纸钞的钱包和一个装满百元美钞的钱包没什么区别，但它们的离身范围显然会不同。

我们都经历过这样的时刻：在一群人中，某一个人随意地把玩着一样东西，其炫耀意图很明显，比如晃着汽车钥匙链，引起一场关于新车的谈话；让大家看到某个特殊的、昂贵的品牌标志；故意掏出最新最好的智能手机发个短信。想凭借实体物品来彰显地位，就要让大家看见它，但这种行为也有自相矛盾的地方，一方面你想炫耀自己的财富或者品位，另一方面你又希望别人不会由于过分关注而夺走它。苹果手机有高度的辨识度，也是时尚的象征，这让它变得如此流行，同时也让它成为窃贼的目标。因此，选择一个令人安心的“离身范围”需要人们作出取舍，决定到底是炫耀还是保护。

在家里，失去物品的风险相对最小，便利性占据了主要地位，因此我们倾向于把物品放在需要时就能拿到的地方，或者是容易找到的地方。绝大多数人会把食品放在厨房附近；把厕纸放在马桶旁触手可及的位置；出门时要带的东西（大衣、包、钥匙等）基本上会挂在前门或后门附近；绝大多数成年人会把手机放在桌子旁边，青少年则会把它放在床附近，但最好都离电源插座不远。

我们把这种物品容易聚集的地方称作“引力中心”（Centers of Gravity）。引力中心就像靶心一样，我们会把某样东西放在这里，找东西的时候也会首先想到它。引力中心就是我们的空间记忆设备。习惯于把钥匙串挂在门旁钩子上的人不大会丢钥匙；习惯把现金、身份证、信用卡、公交卡、借书卡和名片放在钱包里，再装进口袋的人，当他们需要用这些东西时，就不必想第二遍。用离身范围的概念来说，在引力中心这一点上，记忆的便利程度与使用上的便利程度同等重要。

但是，就算把东西都放在容易找的地方，或是把它们放在理想的"离身范围"中，也未必就能保证我们会记得带。无论是因为忙碌、劳累、醉酒或做白日梦，当我们放松警惕的时候，东西仿佛立即就变得看不见了，于是我们就会忘记。为了对抗这种忘记重要物品的天生倾向，当人们离开一个地方，转去下一个地方时，一个最简单、最普遍的行为就是我们所谓的"盘点时刻"（Point of Reflection）：我们会停顿一会儿，在脑海中检查随身物品清单，看看自己都带了什么，又有哪些可能忘记。对于一个要出家门的人来说，清单上往往包括这些必备物品：钥匙、现金、手机，以及当天需要用到的其他物品。

我们会做出高度仪式化的动作，比如在出门前、下车时、离开办公桌、起身离开餐馆座位时，拍拍口袋，往手包里看看，确认东西是否都在，有些人甚至还会大声把物品清单念出来。

这个短暂的盘点时刻是如此简单而普遍，虽然商家不会像发现绝妙商机一样大声尖叫，但这里面肯定潜藏着机会。基于背景环境和必要性而开发出定期的、系统化的提醒工具，这个概念可以延伸到实体物品之外的领域和需求中去。

你很容易知道手机在不在口袋里，因为你可以感觉得到，可是交通卡上还剩多少钱，光凭摸一摸、看一看是猜不出来的，除非数额印在了卡上。把钱包或手袋里的东西一样样拿出来，记录下来，并且询问每样物品背后的故事。这是个非常重要的研究技巧，原因之一就是，当出现了像公交卡这种缺乏盘点功能的物品时，人们往往会做出补偿行为，最常见的补偿方式就是重复携带。当你不知道常用的那张卡里还剩多少钱的时候，你会再带一张备用卡，好让自己在赶时间又看到车子进站时，可以顺利地通过验票闸机。

从服务设计的角度，这种重复携带的行为意味着我们有机会让系统变得更加高效。例如，在东京，绝大多数自动售货机都有余额查询功能，只需在机器前挥一挥卡片，就能知道里面还剩多少钱。这是一个非常用心而周到的盘点功能设计，而且它不需要你支付任何费用。这个简单的交互功能既符合直觉，又很有用，让人们可以使用身边的基础设施来判断拥有物品的状态。

拍拍口袋，在出门前习惯性地停顿一下，这些都是帮我们检查实体物品的好办法，就像挂钥匙的钩子和牢牢地抓住手包能帮我们找到这些东西一样。但是，随着越来越多的东西被数字化，我们不得不用非实体的等同形式把携带行为里的基本元素（离身范围、引力中心、盘点时刻）重新检查一遍。这正是变革中孕育的契机。

储物柜“在云端”

苹果公司在 2001 年推出第一代 iPod 音乐播放器的时候，打出的宣传语是“把 1 000 首歌装进口袋”；到了 2009 年，这个数字攀升到了 40 000 首；可是，到了 2011 年，新的承诺变成了 0。

当然，要是愿意用老方法，你依然可以在 iPod 里存储上万首歌，但你也可以把所有的音乐存到苹果的云端服务器 iCloud 上，然后腾出足够多的空间来存放各种你喜欢的游戏。

智能手机彻底改变了手机的定义，把它从双向的交流终端变成了通向全世界知识库的门户。你可以在坐公交车的时候轻松查询钢琴家利伯雷斯（Liberace）的生日，同样，云存储这样基于服务器的存储体系也彻底改变了我们传输数字资料的方式。几乎无限量的存储空间，无论何时何地都能轻松访问，这些特质看上去十分美好，但云技术依然要面对安全性、便利性、可靠性的挑战，正是这些潜在的动力创造出了携带行为的核心要素：离身范围、引力中心和盘点时刻。我们很容易就能看出数字化和云存储为人们减掉了多少实体负担。

> 试想，如果我们回到20世纪，试图把如今你保存在智能手机、笔记本电脑、平板电脑或电子阅读器里的东西全部带上，同样重要的是，想用的时候就能拿到。
>
> 早晨出门的时候，你得带上几架子的CD、卡带和唱片（如果你使用了Spotify这样的音乐流媒体服务，你还需要多带上百万个唱片架）；你还要带上几架子书，里面包括29卷的《不列颠百科全书》（*Encyclopaedia Britannica*）和20卷的《牛津英语辞典》（*Oxford English Dictionary*）；此外你还要带上你的所有照片；还有满满一鞋盒的信件，这只是去年一年的信件量；还有账单、银行对账单，各种尺寸的、世界各地的地图；如果你想给生活加点料，那就再带几张电影光盘，还有电视机和DVD播放机。
>
> 晚上回家时，你不但要把这一切全部拖回家，还得再带上四英尺高的档案柜、名片盒、便笺盒；要是再把互联网实体化，你还得拖回好几个国会图书馆；除了这些之外，还有几个你大概从未拥有过的东西，比如一个可以收集世界各地天气信息的气象站，一份汇集了千百万个陌生人见解的纲要，从餐馆评论到日本动漫无一不有。你不但会累得腰酸背痛，拖着这些走街串巷的时候，你还得紧张兮兮地盯着每一样东西。

现在你可以轻松地把一切装进口袋，但你不一定会经常用到它们，或者是当你的确需要用的时候，不一定就能迅速找到。你可以把它们压缩成字节，并不等于你已经做好了放弃相应实体物品的准备。如果硬盘坏掉，服务器被黑，或是云端账单没付，而你也没有备份的话，你的一切可能就会烟消云散。

此外，私人物品和工作资料可以方便地装入同一个便携硬盘，这也很容易让人搞混两者的界线。数字化带来的减负在身体层面上的作用是毋庸置疑的，但在心理上你要承担这些数据会突然消失的风险。这样做的潜力极大，同样挑战也极大。

我们可以把离身范围的概念比喻为悠悠球，即我们愿意让随身物品离得多近或多远，这既包括实体距离，也包括心理上的距离。我们能够安心地让这个小球甩出去多远，需要用到它的时候又能拉回来，且控制着拉回来的速度。

当实体物品被数字化以后，它们的离身范围也改变了。悠悠球的线绳变得更长——无论是从距离层面（从一个放置得非常远的电脑或服务器上找到一个文件），还是从时间层面（找回一封一年前发的电子邮件）和心理层面（听到一首被随机播放的、多年未听过的老歌）。如果悠悠绳的一端拴的是实体物品，那么把它拉回来要难得多；但是，如果它拴的是数字资料，就算你不知道这份资料存在哪里，只要它有可靠的搜索功能，你就可以用极快的速度把它找到。

数字化意味着你可以同时操控许多个悠悠球，用无穷多的方式来编织和交叉（例如把一段视频嵌入幻灯片中，或是把一张照片贴到电子邮件里），还能像玩翻绳游戏一样，在不同用户之间建立起一张协作网；你甚至还可以切断某些拴着实体物品的线，将来到了需要的时候，再重新复制一个就是了。

从前这意味着需要重新刻录一张光盘，但现在 3D 打印技术就能解决了。旅行时忘了带假牙？没关系，只需提前给下榻的酒店打个电话，让他们去附近的牙科诊所给你 3D 打印一副就行了，你人还没到，东西就已经准备好了。

技术进步也会改变我们对"悠悠绳"的测量需求。我们可能会认为，在特定场合下，某些人对于离身范围仿佛有种第六感，比如在人很多的商场里带着小孩的父母。但当人们携带的物品价值没那么高，或者替代性很强的时候，直觉也就没那么强了。然而，为了避免丢失和遭窃，保留超自然警觉性的渴望依然非常强烈，足以催生出颠覆性的新服务，尤其是在追踪方式变得越来越复杂的时候。

2012 年夏天，我无意中把当时互联功能最强大的东西——iPhone 手机——忘在了一辆出租车上。回到家，我使用网上的"找回我的 iPhone"服务来寻找它的踪迹，发现它正在城里"乱转"呢。我给出租车公司打了电话，调度员也通知了司机（出租车小票上有他的联系方式），但司机否认我的手机在他车上——尽管我能够看到手机的地点、行进速度和方向和他的出租车一致，尽管我不停地遥控手机发出响亮的警报。看着价值数百美元的个人物品在城市里转来转去，有时停下，有时退回，有时就在离我住的公寓只有几个街区外的地方经过，这过程真挺让人着迷的，但也加重了我永远不可能把它找回来的挫败感。

尽管我的手机丢了，但它并不算是遗失在某个我不知道的地点，我只是拿不到它而已。要说它可能会彻底丢失不见，我猜部分原因可能是它的价值超过了归还它的社会责任感，卖掉它的钱大概抵得上出租车司机几天的薪水，或许调度也能拿到一点点抽成。

需要澄清的是，我并没有抱怨他将我的手机据为己有。依我看，绝大多数国家的出租车司机大概都会把乘客遗失的手机留下。这是一个很好的例子，可以让我们重新思考"丢失"的含义：技术手段可以让许多物品汇报它的位置，比如安装了 GPS 的汽车、自行车、遥控装置和珠宝，而且我们天生就会尽可能多地储存周边世界的信息，并从这些数据中得知东西放在了哪里。

将来，联网设备或许会具备“归还”功能，把它从丢失处送回原处的陌生人可以得到奖励性的回报。从理论上说，这种可追踪功能将会改变我们对“拥有”这个词的认知：如果错放东西的后果消失了，而且很容易找得回来，那么拥有究竟意味着什么？绝大多数人愿意把丢失的东西找回来，可是，如果这样东西的价值可以被自动计算出来，然后卖给找到它的人呢？或者是卖给附近出价最高的那个人？有些人可能会围绕买卖使用权而建立起一种生活方式。

基于地点的移动设备数据可以为离身范围增加一个“即时决策”的维度。它不但能让我们放弃纸质地图，选择体积小得多的电子地图，还能让我们在几乎不需要目标的情况下就出门去探索世界，因为我们相信移动设备会把我们带到我们想去的地方。

例如，我们不需要规划行程，只需打开手机地图就不会迷路；我们可以不必预先安排晚上的娱乐活动，只需走出门去，然后通过 Foursquare（一款分享地理位置的应用。——译者注）看看朋友或朋友的朋友们都在干什么，然后基于这些作出决定；我们无须安排开会的时间和地点，大家可以商量一个城里的大致位置，然后用电话和短信来协调，让大家越走越近，直到碰面。这些把我们和物品或其他人联系起来的“悠悠绳”可以无限长，长到我们可以允许自己忘掉另一端连着什么，然而只要我们想要它，就可以迅速地把它收回来。

我们还可以再往前迈一步，把收回某件物品的任务授权给自动系统。其实我们已经在这样做了，比如使用手机备忘录的提醒功能。下面我们来看一个案例，这个案例的名字叫作“预先递送”（Predictive Shipping），是我们在思考阈值的未来时想到的。

有一些公司可以运用某种算法来分析并预测消费者的购物习惯，就像亚马逊（Amazon）。这家公司把算法提升到了非常先进的程度，以至于可以把消费者还没订购的东西预先送到。他们非常自信，认为消费者肯定想要或需要这些产品，而且万一预测出错，他们也愿意承担退货成本。假设你喜欢旅游，很喜欢《悦游》杂志（*Condé Nast Traveler*）。有天早上你打开家门时，发现门口放着一件《悦游》出的文化衫，正好是你的尺码，而且就是昨天你在杂志上看到的款式。

从你过去的购物行为中，商家发现你穿过类似的衬衫，而且买过一些跟这件衬衫很搭的裤子和配饰。经过分析你的朋友圈，他们知道你喜欢什么样的风格；通过社交媒体，他们知道你的时尚品位；而且他们知道，你相信《悦游》杂志里的风尚倡导者提供给你的东西不但符合你的个人喜好，更符合你热爱的文化。

如果亚马逊的计算正确，而且你决定穿上这件衬衫，它就会发回反馈，从你的信用卡里自动扣钱。如果你决定不要它，只需把它放回盒子，留在门外，其余的事情统统交给亚马逊来处理就行。运用相似的方法，亚马逊甚至可以监控你家里日用品的存量，在这些东西即将告罄之前，把最新鲜的货品送到你家门口。

最终，过多的误报信息与高昂的预先快递费用会让这个商业模式无法运转，而且这可谓是最糟糕的垃圾邮件。但对于特定的人群、产品和品牌来说，它是可行的。如果消费者对品牌极为忠诚，而且商家非常了解消费者的生活方式，包括他们线上和线下的购物行为，这样做是不是就可以呢？在某种程度上有些商家已经这样做了。

以报纸的订阅服务为例，每天早上都有份报纸送到你家门口，而你并不知道里头是不是总有让你满意的内容，但你对它有足够的了解，而且这家报社也很了解你和其他读者，所以你愿意订阅它。当然，这里面会有些问题，比如侵犯隐私、重复消费、电脑算法无法理解某些非常规行为，但这毕竟是一种潜在的可能性，可以促使你思考技术进步如何为下一代产品创造出全新的市场。

除了让消费者不必从商店里把日用品大包小包拎回家之外，这样的服务好像跟携带行为没什么关系。但它实际上触碰到了携带行为的本质，当我们在某个地方需要某件物品的时候，我们就能拿到它，而且可以利用记忆和接近程度来追踪它。试想，你去巴哈马旅行，结果忘了带泳衣，而亚马逊费不了多大劲就能知道这件事，而且还能在你到达之前就把一件符合你的尺码和风格的新泳衣直接递送到酒店里，或者甚至在你还没意识到自己忘带泳衣之前，他们就已经知道了。只需在你的衣服和行李箱上加几个标签和传感器，针对你的旅行问几个问题，然后进行一些自动运算就可以了。

设想你在办公室度过了漫长的一天，回到家门口，却发现了一个这辈子都不曾见过的景象。趁你出门的时候，有人在你家里安装了一个反重力装置，当你飘进门口的时候，你看到厨房水槽和床头柜从身边飘过，地毯贴在墙壁上，狗贴在天花板上。家里的东西一样都不少，可你依然觉得每件东西都不见了。

这幅景象会不会把你吓得够呛？而最疯狂的是这种场面无法轻易避免，我们肯定会经常遇见，只不过是在数字世界里。人们到哪儿去寻找储存在网上的东西？想要找回它们，人们需要哪些知识？如果没有备忘录来提示我们东西都储存在哪里、如何找到它们，那么我们无异于漂浮在数字空间里。布局合理的界面非常有用，而搜索功能也会创造出引力中心。

本着减负的精神，如果有个系统可以预先创造出这种引力中心，免得用户四处查找呢？好比说，你要针对某个项目开一个会，如果系统预先知道这件事，而且知道你在开会之前和会议进行中是如何拿到文件的，它就可以预先为你准备好，并且把文件上传到你的手机或电脑中，等你要用的时候，一切已经全部齐备了。

同理，人们也可以设计出数字版的盘点时刻。系统知道你可能会忘带什么东西。如果你使用 Gmail 在邮件中写到了"附件"这个词，在发送邮件之前，Gmail 就会问你有没有要添加的附件。

聚联网：新一代共享消费模式

从任何一个角度来说，阿富汗都是个充满混乱的地方，但危险并不一定都来自炸弹和绑架。在城区，财物失窃的风险一直都有，可以说这个地区的离身范围相对较小。但是，失窃的意思不只是有人从你兜里把钱掏走，它还有一种可能，就是本该放进你兜里的钱不见了。

2010 年，移动通信运营商 Roshan 与阿富汗内政部合作启动了一个试点项目：通过一个名为 M-Paisa 的手机银行系统给警察发薪。领工资的时候，参加这个项目的警员们不必再从上司手中接过成捆的现金，一条短信会发到他们的手机上，通知他们薪水已经到账，在全国任意一个 Roshan 服务网点均可支取。

令不少警员惊讶的是，他们的工资好像涨了，有时候能比平常领到的数目多出 1/3，而真实原因是他们第一次拿到了全额工资。因为有些上司会顺手揩油，而通过数字渠道发下来的钱其他人无法染指。

表面看来这是件好事。贪污行为减少了，工资管理系统变得更加高效，人人都很高兴，除了那些腐败的经手人。其中一位对这个新系统极为恼恨，以至于他把下属们的手机 SIM 卡全部收缴过来，自己去领钱。Roshan 的一个员工因此向内政部举报了他，内政部没有起诉他，但立即制止了他的行为。

然而革新的结果却有些复杂。你大概会以为，除了多出来的薪水，使用 M-Paisa 系统的警员应该很乐意有个工资账户。因为钱放在里面很安全，腐败的上司没法揩油，小偷也奈何不得。但是，由于阿富汗的离身范围较小，再加上人们对金融和技术方面的知识了解较少（仅有 9% 的阿富汗人在正规的金融机构中设有账户），导致矛盾的局面出现。由于失窃的风险实在太高，唯有把财物踏踏实实地捏在手里才算安全，所以对于当地居民来说，看不见就等于没有。

据报告，使用这个工资系统的绝大多数警员都在收到工资入账通知后，立即把现金提了出来。有些人不得不去旁边的镇上取钱，这是因为附近的Roshan服务网点担心存有现金会遭抢，所以退出了M-Paisa系统。在塔利班控制的区域，曾有服务网点举报说，他们有遭到激进分子攻击的危险，这些激进人士把 M-Paisa 和手机统统视作西方文化入侵的工具。

战争、贫穷、知识水平低下，种种因素令阿富汗成为一个有价值而又极端的案例，除了跟带钱相关的行为之外，我们还可以观察到其他许多不常见的举动。如今，手机已经可以让我们随身携带更少的物品，却同时持有更多工具。我们很容易想象出这样的未来：钱包里的一切东西都可以数字化，通过一个电子设备就可以使用。但是，这样的未来现实吗？人们会喜欢吗？

就目前的情况来看，未来大概不会变成这样，因为人们都希望规避风险。看看他们今天随身都带些什么，其中有多少功能重复的东西，你就会知道，人们携带的物品远超过最低需求。为万一出现的问题做足准备之后，人们才会安心。同时携带现金、一张借记卡、两张信用卡，这或许不算高效，可万一借记卡取不出钱来，麻烦就大了。为了避免这样的严重后果，做些周全的准备是值得的。世界上没有精确的公式可以计算出究竟多大的风险概率和代价会让人想要做足准备、以防万一，但生活就是这样，一旦某些因素累加起来，达到阈值，人们的行为就会发生变化。

如果我们的目标是为消费者减负，帮助他们更加高效地运用随身物品，就应该努力做到降低丢东西的风险，或是降低寻回或替代这些东西的成本，抑或是把生活变得更方便，就算大家不随身携带这些东西也能办成事。一个最简单的、能同时满足上述三个要求的做法，就是让人们拥有更少东西，却能做到更多事情。

创业家兼作家丽莎·甘斯基（Lisa Gansky）把它称为**“聚联网”（The Mesh）。这是一种基于服务网络而形成的共享消费模式，让人们不必拥有某件物品，却能使用它**。聚联网应用的一个著名例子就是 Zipcar，这是一个会员制的租车网络，车辆散布在城市各处以及大学校园内，让那些没车却偶尔要用车的人可以方便地出行。公共图书馆也符合这个模式，只是不谋求盈利而已。拜互联网所赐，各种聚联网应用在近些年来层出不穷，从租借工具的店铺到儿童玩具出租服务，有各种各样的公共或私人物品可供用户暂时使用。

这个系统犹如一张大网，而物品就是网上的一个个节点。此系统之所以能够发挥功能，是因为这个网络很强大，而且人们可以接触到其中的物品。比如说，Zipcar的会员可以通过互联网查到附近的租车点，完成预订，然后凭会员卡发动这辆车。

越来越多的随身物品被数字化和网络化，人们也设计出了身份认证系统，允许用户接入网络、使用物品并完成付款。随着这些趋势的出现，我们将会看到，人们与物品的互动方式以及使用物品的方式必会发生极大的变化。从理论上说，我们将会进入超远型离身范围的模式，就像 Zipcar 一样，区别只是没有预订手续和会员卡。物品会被放置到城市中那些使用频率较高的地方，当某人拿起它使用的时候，这样东西会辨识出使用者的身份，并且自动完成费用结算。

如果你在城里很容易找到笔记本电脑，而且很方便就能使用，为何还要拎着自己的电脑到处跑？如果这台笔记本电脑认识你，也能认出任何一个想从你手里把它抢走的人，为何还要担忧失窃的风险？要知道，没有主人的物品是偷不走的。

从原子到字节，物品不再随身带

我们都已经看到，移动科技已经大幅改变了人们在家门外的行为，携带的物品变少了，需要记住的事情变少了，同时拥有的东西也少了。各种各样的事都成了现实。在洛杉矶，拥有一张电子地图而不是纸质地图，这是个相当重要的进步；但在乌干达，当孩子生了重病时，母亲拥有一部手机就已经是技术上的重大飞跃了，这位母亲可以找到离她最近的医生，不必再带着孩子跑到十英里外的镇上。

当然，进步也不是没有风险的。丢了手机，人会变得心神不宁；系统出了毛病或是有了安全漏洞，生活就变得非常不便利了。我们还在不断地了解被网络支配意味着什么。依我自己的经验来看，网络连接中断有可能意味着任何事情，小到在曼哈顿的高楼大厦间失去手机信号的苦恼，大到被困在坦桑尼亚的酒店里动弹不得——信用卡刷不了，也没有其他的付款方式可选。

尽管不能完全信赖网络，但我们依然对它有足够的信心，因为它能够替我们做到我们自己做不了的事情，起码可以记住我们忘记要做的事情。未来几年，我们很可能会看到越来越多的物品具备“盘点”功能，而且这些物品之间的联系会越来越紧密。在今日的东京，你可以走到一台自动贩卖机前，只需拿着钱包在传感器前晃一晃，就能知道你的 Suica 交通卡里有没有足够的钱让你坐车回家或买瓶汽水，或者拿一瓶汽水坐上回家的车。

随着网络和基础设施变得越来越智能和快捷，我们会看到，“便利”的定义也随之改变。我们不再为了让正确的原子和分子（即实物）在适当的时间出现在适当的地方而付钱，而是为了让正确的字节（数字化的物品）在需要的时候出现在适当的地方而付钱。这意味着人们需要在更多的地方建立更多的数据接口，同时也意味着我们可以与越来越多的日常用品互动，而且这些物品了解我们，能给予我们反馈。或许这些物品将通过一个联网的基础设施相互连通，任何一个人都可以走到任何一个网络节点，被网络识别，在几秒钟内获得接入许可。

要创造这样的环境，我们需要做什么？这究竟有没有可能实现？我对此无法给出确定的答案，但是，当我们考虑人们在家门外如何携带并使用物品时，创造数字化生活环境这一主题的确值得我们思考。

从某种程度上说，这种环境已经被创造了。但在这种情境下，我们或许不会过多地思考移动互联究竟意味着什么。有时，对互联状态的最好觉察方式就是看看当我们无法互联时会发生什么。

2011年的阿拉伯之春（Arab Spring，阿拉伯世界掀起的争取民主、平等的运动。——译者注）期间，我得到了一个去埃及作研究的机会。在局势紧张的那几周里，抗议者运用社交媒体，发布了许多有关开罗的新闻报道，尽管我很怀疑这些新闻在埃及之外的影响力，但显而易见的是，对移动互联技术的运用以及一个畅通的网络已经重塑了人们在冲突中求生和沟通的本质。

对于我这样的研究人员来说，能顺利接触到信息至关重要，我很想尝试一下，如果失去了我已经习惯的活跃信息源，会发生什么事。当时，利比亚内战正酣，许多通信渠道都被切断了。我和一名同事了解了一些那边的情况，“反叛方”已经攻入并利用了该国的移动电话网，从技术角度来看，这是个很有意思的现象，所以我们跟一位开罗的出租车司机商定，送我们过去看看。8小时后，我们抵达了边境。

刚刚进入利比亚国境，我们的电话信号就中断了，这意味着我们所有的支持系统都瘫痪了。地图、电子邮件、电话、网络，统统都不能用。遇到危险时我们不能打电话求助，没法查出自己在哪儿，不知道邻近的小镇在什么位置，身边如果没有翻译，我们就无法跟当地人交流。失去了网络，我们感到自己像婴儿般无助，更加真切地体会到在冲突时期身在边陲城镇的危险。但这种情况也迫使我们提高警觉，更加清楚地觉察到我们身在何处，从哪里来，怎样安全回家。

只要人们愿意，世界上的大多数国家和地区都可以去，口袋和手包里就能装得下帮助我们沟通和获取信息的、无比强大的工具，生活在这样的世界上真的非常幸运。随着生存工具的进化，我们对“生存”这个概念的理解也在不停地进化。而对于这个概念的理解越透彻，我们就越有力量去驾驭科技，进而创造更多真正有意义的工具。

第5章 入乡随俗式的文化校准

HIDDEN IN PLAIN SIGHT

为什么只有在中国才能看到“禁止燃放烟花”的标志？只有印度的麦当劳才会推出完全没有肉的汉堡？在北京公交车上和东京地铁上被挤扁的乘客在感受上会有哪些异同？
不同的文化环境与经历影响了人们的行为模式，当你想要了解人们为什么那样做时，最好的办法就是到事发现场去。

当你想要了解人们怎样做事以及为什么那样做时，最好的办法就是到事发现场去。这是做设计调研的基本前提，它既是一个操作方法，也是一种思维模式。无论你是孤军奋战 1 个小时，还是与 5 个团队成员一起工作 1 个月，这个前提都非常重要。你获得的经验越丰富，越有可能发现改变人类思维的设计，并且最终塑造人类的行为方式。

在一个联系愈加紧密的世界，人们更倾向于认为，有关引发事件的人和事发现场的细微信息都可以在网络中找到。例如，我们可以从各种社交媒体、个人档案、街景及其他众多服务商提供的数据流中，得出顾客多集中在哪些地点、喜欢听哪些歌曲、青睐哪个品牌等。

但是，与人类丰富多样的经验相比，这些只是九牛一毛。**汲取丰富经验的有效途径是旅行，而且要深入其中。**走近当地人不是人类学家的专属领域，然而他们有大把的时间，可以花上几周、几个月甚至几年去适应一个新的文化环境，这对于人类学家来说是值得的，因为人类在意识的大环境中哪怕只前进一小步，也能给他们带来深刻的见解和启发。

我已经在前面的章节中强调了理解人类行为的新方法，包括几大社会结构透镜和促进或阻碍它们发展的技术。现在，我们将注意力转到上述力量作用的大背景下，我不仅要教你如何观察，还会告诉你从哪些地方观察。我将简述几项技巧，用来执行我的“快速文化校准”实验。它不仅意味着将自己的思维调整为当地人的模式，还要用全球视角分析当地发生的事情。我常利用这些技巧为团队成员打下坚实的基础，帮助他们理解在正式调研中收集的更具说服力的数据。

我进行“快速文化校准”的形式多种多样，从清晨的散步、挤早高峰地铁，到去理发店、火车站、小城镇里的全球连锁餐厅；乃至在广告牌前驻足观察。此外，再结合一些更有条理的技巧，例如深入的采访、调研，无论你是在哪种类型的社区、城市或者国家里，“快速文化校准”都可以加深你对新文化的了解，有利于你比较自身文化观念或接触过的其他文化与当地文化之间的异同。每一个校准所需的时间少则半小时，多则半天。如果你对这种方法很感兴趣，当然也可以反复使用，但是那样就不能称之为“迅速”了。

与城市一同醒来

在世界各地，观察一座城市的最佳时机通常在破晓至接下来的几个小时内。这并不意味着在下午或者夜晚就不能发现上述时段中存在的商业信息，而是比起一天结束的时候，人们在早晨的行为更趋于一致、更有规律可循。而对那些试图发现当地微妙差别的人而言，随着早晨人们通勤的步调跟上城市的节奏，他们更容易在相对短暂的时间内观察到更多的人。

每个城市的不同季节都会有所不同，但是在工作日里与城市一同醒来通常始于清晨 4：00。而在 5：00 ～ 7：00 尤其适合巡视危险的街区，那里潜在的暴力人群要么在睡觉，要么懒得去关注调研人员，同时社会中危险性相对较低的人群也开始上班。理想的街区是适合行走的，兼有住宅区和店铺，大体上能反映出研究目标的类型。这类实地考察的最佳工作方法是，让外来团队与当地团队合作，从跨文化的角度讨论观察到的现象。有时候调研小组需要乘坐慢悠悠的人力车或者三轮车、自行车等交通工具到达调研区域。

太阳渐渐升起，临近的街区也开始显露出它的模样。这一过程常常伴随着基础设施的启用：店员忙进忙出地搬运货物，清洁工要清扫街道并处理垃圾，工人维修道路，以及各种需要在行人和车辆聚集之前完成的工作。例如对垃圾收集的简单调查，就能发现当地居民的行为模式。

日本东京和韩国首尔都设有垃圾回收日，有专人在那天回收易拉罐、纸盒、塑料和有机材料等废旧物品。如果谁不遵守规定，没有在指定时间将归好类的废品放在指定地点，就将受到社会舆论的指责。这一分类回收的规定为我们提供了一扇窗口，知道特定区域的人都在消费哪些产品，还可以近距离地观察电子类产品的回收，因为这类产品需要特殊的许可才能收集。

在英国伦敦和美国旧金山的一些地区，人们常将椅子、橱柜和床等大型家具随意地扔在路边，这样的行为是被大众接受的，他们通常会假设如果需要的人路过，会把它们捡走。可是在印度旧德里，如果你在路旁看到一个简易床架，那么几个小时之前可能还有人睡在上面，当地人不确定它们是被扔掉的，还是暂时放置在路边。在住宅区，你能看到当地人上班之前各具特色的晨练活动。

在日本东京，常常能看到人们穿着运动服慢跑或者牵着大狗散步（小狗在东京其他时段更为常见，人们通常就在家附近遛狗）；在印度新德里，当地人常去公园慢跑或者快走，穿着的服装在外地人看来更像是工装，至少男士的着装很正式，穿着衬衣和宽松的长裤，只有脚下的运动鞋符合西方运动装备的观念，而街上的动物只可能是流浪狗；在中国杭州，景象又会大不一样，大多数晨练者都是上了年纪的老人，他们在公园、广场或者开阔地带组织集体活动，跟随便携式音响发出的音乐打太极拳或者跳广场舞；而在早上 6：00 的曼谷，你可能已经错过了顶尖运动员的训练时间，因为他们通常会在一天中最冷的时间练习。

在商店开门营业之前，你可以观察社区居民或商家是如何在夜晚进行自我保护的。例如，从防盗窗和锁具可以推测当地人是如何防盗和避免蓄意破坏行为的。当然，如果那个地方夜不闭户、路不拾遗，那就更值得人深思了。

一些商店开门时大张旗鼓，而那些与当地社区联系更紧密的店家，开门的节奏相对要缓慢一些。即使店里亮了几盏灯，可能门口的招牌还是“休息中”。我在伦敦见过一家蛋糕店，在每天正式营业前会给门留个缝隙，以便空气流通，同时为在门口探头一瞧的熟客提前服务。观察规定（如营业时间）是在什么情况下被哪些人打破的，可以得知事物之间的关系如何。这可能与随处可见程式化的连锁店有很大区别，一家连锁烧烤店的烤架被摆出来后，才算正式营业。而就是这个简单的惯例，透露出一种强烈的商业气息。

在城市完全“苏醒”后，街上的人越聚越多。你要观察第一波通勤的人群，他们离开家，开始了从郊区住所到市区工作地点的长途跋涉；你会看到孩子们如何去上学，是否穿着校服，是一个人还是结伴而行，抑或是由父母陪同。所有这些细节在很大程度上说明了这个城市或者临近社区之间的信任度。你还可以留心一下人们吃早餐的方式。他们排队买的是什么早餐？在街上吃早餐的是哪类人？他们是坐在店里吃还是边走边吃？另外，早市要比其他时段的市场更有活力。

此时大概到了早上8：00～9：00，比起之前窝在旅馆大堂（虽然在那里也能观察到很多），现在你对这个城市是如何开始它一天的生活，应该有了更深入的了解。接下来，我喜欢把团队成员召集在一起，一边喝姜茶、粥，吃着熏肉卷或者当地提供的特色食物，一边梳理今天的收获，然后我们回住所稍事休整，再整装出发进行当天余下的调研工作。

除非你经历过最糟糕的通勤，否则你永远无法理解当地居民承受着怎样的压力和痛苦。不能迟到的规定让人在上班路上的压力比下班大得多，因此上班路上任何突发状况的影响力都会加倍。

伦敦的通勤特点是昂贵、缓慢和不可靠；而埃及开罗是拥挤、吵闹和闷热；东京通勤高效的同时是密不透风的人墙，如果你足够幸运遇上下雨天，在人流高峰期乘坐京王线到新宿车站，那你就能欣赏车厢内的冲撞，感受什么叫摩肩接踵，顺便多熟悉一下沙丁鱼的气味。在东京，如果一辆通勤列车推迟了几分钟，乘客会收到由公共交通单位出具的迟到证明条，方便他们交给公司。迟到证明既表明了这类事件很少发生，也证明了公司组织结构的复杂性。在曼谷，虽然城际捷运（Metropolitan Rapid Transit）贯穿整个城市，但这里还是会出现交通堵塞。

在洛杉矶，自驾上班的人们会安排通勤的时间，避免在车内导航系统提示的高峰时间出行；而在北京，所有人都知道城市何时会进入人流高峰期，但他们还是会同时出门，不过会做好消磨途中时间的计划，做些工作上的事情，例如打重要的商务电话等。事实证明，按照可预测的通勤经验提前做好计划，合理利用时间，才是提高生活质量的关键因素，即便那意味着要提前 1 小时出门避开人流早高峰。

以下是我们的团队闯进“通勤混战”时常问的问题，而答案对我们研究受访者的生活至关重要。

◎ 人们通勤一般使用哪种类型的交通工具？

◎ 温度、湿度和路况等环境因素怎么样？

◎ 公交车开得是否平稳？

◎ 能不能找到座位？

◎ 如何购买车票？

◎ 交通费贵不贵？

◎ 在公交车或地铁上，哪些行为是默认被允许的，哪些又是被禁止的？

在多数深入的采访中，人们对通勤问题的谈论不会超过两分钟，但是通过亲身经历，你就能更好地体会那些早出晚归的上班族和学生的心态，以及他们所处的外在环境。

如果你想要了解人们行动背后的动机，那就设身处地地想一想，那些在洛杉矶 405 高速公路上堵了半小时的人与在东京或者新加坡地铁内被挤扁的乘客，在感受上会有哪些异同。这些完全不同的经历，将影响商务会议的安排，不但包括打电话、发短信等一切行为，还包括通话中的语气和短信里的用词。中国已经是世界上最大的汽车消费市场，消费者对汽车的需求仍在以一个相当高的速率增长，乘客对蜗牛般的交通已经见怪不怪了。如何设计才能给中国乘客带来不一样的车内体验呢？是应该给司机腾出更多时间与电子显示屏互动？还是提高司机的素质和教育水平，以便在驾驶和停车过程中避免与乘客发生口角？抑或是明文规定车辆之间的停放距离？所有这些解决办法都来自细致观察和亲身体验。

候车室里的跨文化比较

在职业和业余的观察者眼中，机场、火车站和汽车站都是绝佳的观察点。每天形形色色的人在那里穿梭往来，你除了能发现当下的流行趋势外，还能找到很多了解当地文化的机会。

每个城市至少都有一个火车站，乘客从那里出发，进行长途或短途的旅行，其中发生的一系列相似的活动，非常适合作跨文化比较。有些行为尤其突显了文化的差异性，例如人们排队买票的情况，在商店用哪种支付方式，用什么方式来消磨旅途时光，喜欢吃哪些零食和喝哪些饮料，以及在候车或候机时使用什么科技产品。

即使是候车室这类最简单的基础设施，也能反映出大量的有关当地文化的信息。在印度，火车站里会配备两间候车室，一间男女共用，另一间专供妇女和儿童使用；而在英国，你会发现所有候车室都是无差别使用的；在日本情况也差不多，最多是候车室附近还配备有一间吸烟室；在中国，你很可能发现三个候车室，一个供所有人使用，一个军人专用，还有一个是某些银行为其 VIP 客户提供的增值服务，持有相应的信用卡才能入内，否则需要支付一定的费用。

作为恐怖袭击的高危地区，交通枢纽还能反映出当地的安全规范和预防措施，以及政府对民众的信任度。从是否配备武警和警犬，到使用身份证登记、限制乘客行动的范围，以及是否需要安全检查等，都可以一窥究竟。交通枢纽这样一个敏感区域，也非常适合研究者进行抓拍或者摄像，可是一旦被拘留还需要与安保部门打交道。

在一个炸弹袭击频发的国家，几乎没有诸如行李柜、垃圾箱和失物招领处等存物空间。这可能会让你想到在本世纪初经历了恐怖袭击的纽约。毫无疑问，挥之不去的阴影使这座城市患上了整个星球最严重的偏执恐惧症。即使当地人都不满意实施安检的种种说辞，但是很快也会习以为常，这种对环境的适应可能导致调研人员无法在第一时间找到突破口。

有些机场非常有趣。现已停用的迪拜机场第 2 航站楼曾迎接过来自世界各地的航班，有的来自阿富汗喀布尔、伊拉克巴格达，还有的来自伊朗基什岛和索马里摩加迪沙等。登机口周围来往穿梭着身材魁梧的承包商、非政府组织成员、当地富商和来这里骗吃骗喝的人。那是一个飞机晚点后，你会微笑等待的地方，一个你想要抓住机会好好观察和学习的地方。

社区理发店：信息的集散地

每个社区都有一些社交中心，人们聚在那里，互相交换八卦消息，堪比一座用社会货币交易的股票交易所。许多社区的社交中心就在当地的美容院和理发店。没有哪个地方比这里更有助于社交互动了。人们可坐可等，声音不会太吵也不会过于安静，四周镜子映照出人们的面部表情；各类服务的时间或长或短，从 20 分钟到几个小时不等；焦点也多集中在顾客和理发师或者美容师的互动上，而不会被手机或其他一些因素干扰。花点钱理个发或者刮个脸，作为他们的客人，你可以随便挑选座位和转变话题。无论男女，任何人都可以踏进那扇门接受服务。我常常逛不同的理发店，每天去刮一次脸，偶尔一天之内会去两次。

在调研过程中，我经历了一些或血腥，或痛苦，还有一些意想不到的刮脸方式和世界各地的锋利程度不同的剃须刀：在拉萨被仿冒的吉列牌剃须刀刮破了脸；在伊斯坦布尔体验了用线去除脸部的汗毛；在班加罗尔将生芦荟敷在伤口上；我在理发店里、大街上甚至田间都刮过脸。在加纳社区里，人们喜爱用电动剃须刀，因为那里的艾滋病感染率很高，当地人认为，电动剃须刀更加安全，传染率没有刀片那么高；我在越南顺化市还获得了额外的服务，服务人员用剃须刀片为我清理耳垢。至今我还没有在韩国刮过脸。

通过在理发或美容过程中的谈话，你可以打听到哪里最好玩，知道大家对一些事情的态度，只要是光天化日之下可以谈论的话题，小到哪个球队受欢迎、跟男朋友或女朋友约会时适合看的电影，大到政府腐败，没有什么是探听不到的。另外，这也是找到采访对象的好方法，你能从中发现那些最了解社区变化的人，他们还会给你介绍别的熟人。这就像是有方向性的、建立在人际关系之上的超级本地搜索引擎。花钱刮个脸，你不但能主导谈话的方向，得到大量信息，还能享受被服务的快乐。

角色扮演，测试接受阈值

很久以前，绅士在公众场合不戴帽子是不被允许的。过去人们在大街上戴着耳机，听着歌，隔绝外界声响的行为也被视为出格。随便与陌生人分享日常生活的琐事，曾被认为是躁郁症。但是现在，人们对上述行为已经不再反感，对社会规范的理解也一直在变化。然而，哪些规范正在发挥着影响也并非一看便知，毕竟在不同的社会阶层或场合下，其含义有着天壤之别。比如在某个背景下接受别人的邀请喝一杯，与在另一个场合拒绝别人的邀请都可能被视为不合群。

亲身探索“接受阈值”，会让你在大伤脑筋的同时也长了很多见识。它还是一项强大的工具，可以用来发现产品和服务不受欢迎的原因，测试有待考证的社会规范的可塑性。一个微小的不礼貌举动引起的反感越强烈，相关不成文的社会规定越难改变，这种反感情绪传播得就越快。

> 最著名的一项打破常规的实验是由耶鲁大学教授斯坦利·米尔格拉姆（Stanley Milgram）和他的学生们在 1974 年进行的。实验主要测试了“先到先得”这一不成文的占座规定在纽约地铁上的遵守情况。
>
> 令人惊讶的是，当学生们走到乘客身边，要求他们让座时，68% 的乘客表示顺从；而讽刺的是，实验中打破社会规则的执行者似乎比让座的乘客更痛苦。一位学生回忆实验当时的情景时说道：“我害怕到想呕吐。”
>
> 米尔格拉姆曾在接受《今日心理学》杂志（*Psychology Today*）采访时，描述了他首次实验时感到的深深的焦虑和不安。他说：“当时，我的喉咙似乎被卡住了，什么话也说不出来。”在自我谴责并鼓足勇气询问座位之后，他的焦虑转变成了羞愧。他解释道：“霸占了别人的座位，我还要表现得理所应当，这让我感到难以承受。我的头低垂在两膝之间，脸上一阵阵发烫。我并不是在角色扮演，而是真的难受得要死。”

破坏并不意味着总是要经历情感上的煎熬，在特别危险的环境下（尤其是有武装人员在场时）也不值得为了调研冒生命危险。不过，打破常规的实验确实能让你感受到许多人的真实处境。测试接受阈值会造成哪些影响的方式还有许多，例如从小组内部的角色扮演到实地的场景模拟，以及在设计一次具有启发性的实验时，你临时想出的无大碍的干预性举措。

具体的打破常规的活动包括：跨越障碍，在电梯或者火车车厢等狭小的空间里大声地讲电话；抑或在餐桌上摆出一沓厚厚的钞票；还可以携带未投入生产的新产品模型，在公共场合进行用户体验，例如邀请其他人试用你的可观看视频的太阳眼镜等。所有上述行为，我或我的组员都已经在近期的调研中实践过了。

本土化的全球连锁餐厅

绕了大半个地球就是为了尝尝当地的麦当劳，这似乎与本书主旨相悖，不过这一经历的价值不在于研究食物的味道，而是当地客户的口味。

在人类的所有活动中，吃，绝对能唤起我们内心最深刻的记忆，其文化的根基源自我们从孩童时期就开始习得的各种不可思议的生活习惯。从我们将哪些食物看成生活必备，到认为应该怎么准备食材、去哪里买、怎么吃以及如何分享。无论你对跨国连锁餐厅的菜单和商业活动有什么意见，该行业的本质和其业务的可持续性就在于如何吸引每个市场中不同口味的大众，抓住多样性文化中消费者的心理。

由此可见，国际连锁餐厅对校准文化指南针具有极大的参考价值。当地的年轻人经常光顾麦当劳，因其在全球标志中点缀着为当地消费者量身定做的产品和品牌元素。在绝大多数情况下，它被视为本地而非国际型企业。

你能在世界上 3 万多个地区找到麦当劳，这一事实意味着你也可以对每个国家的麦当劳进行比较，范畴包括它的顾客、食物、菜单、装饰，以及店内外人们的行为举止。从麦当劳餐厅独具匠心的设计中，你可以看出这个跨国品牌如何根据当地的文化和社会背景，提供相应的产品和服务。

很多连锁店，尤其是快餐连锁店在发达国家被认为是低端市场的标志，而在发展中国家，它们常常被当成时尚的代言人，因其配有舒适便利的设施，例如空调和通常打扫得很干净的卫生间。

拿印度孟买的麦当劳来说，它与巴黎麦当劳餐厅最大的区别在于菜单，孟买的麦当劳菜单上有一半是素食。麦香薯堡(McAloo Tikki)是一种两块圆面包中间夹着土豆和豌豆的汉堡，在孟买当地很受欢迎。还有一种土帮主巨无霸(Maharaja-Mac)，是一种用鸡肉代替牛肉的双层汉堡，里面夹着黏稠的奶酪、生菜和西红柿，它取代了巨无霸汉堡的标志性地位。在一个大多数人都是印度教徒的国家，土帮主巨无霸不足为奇。印度人将牛视为圣物，而伊斯兰教教徒又不吃猪肉，所以食物包装上都会明确标明是素食还是肉食。印有绿色正方形图案的是素食，棕色正方形的则是肉食。麦当劳还配备了两个完全独立的厨房，一个用来准备肉食，另一个则用来准备素食，此外餐具和工作人员也有所区分。

作为一个客流量很大的连锁餐厅，麦当劳早期就在基础建设上投入了大量的资金，以保证高效服务。你很可能在麦当劳观察到当地最近流行的支付方式。在麦当劳外面，你可以观察人群的流动、离身范围和能够表现当地年轻人集体特征的意象。我曾经在中国某城市的麦当劳里注意过一群嬉笑打闹的年轻人，他们用着笔记本电脑，交谈中用英文说了“Modern”（时尚）一词。

在日本那样更加发达的市场，24 小时营业的麦当劳常常是无家可归者和等待清晨第一班交通工具的人的过夜首选。只需买一杯咖啡，就能不被打扰地在餐桌上休息一整晚。

“遵守－禁止”标志，地域文化的脚注

指示牌虽然无处不在，但不到危急关头，路人经常对其视而不见。然而对想要解读城市环境的调研人员而言，那些标志和其存在的背后动机透露了大量关于社会行为和公共场所价值冲突的信息。

城市标志各异，有指示路标、街道牌、手写的寻物启事或者一张钥匙招领的便条。其中最能显示当下不断变化的社会规则的是那些“遵守”和“禁止”标志。

由当地政府设立的各种“遵守－禁止”标志一般反映了人们现有行为与和谐社区理想状态之间的冲突，或者至少是与树立该标志的相关部门的期望有差距。“禁止乱扔垃圾”的标志清楚反映了当下存在的乱扔垃圾的现象，这在全世界都不足为奇。在中国，“禁止燃放烟花爆竹”的标志说明了一项长期存在的传统，人们逢年过节、红白喜事、开业贺寿等特殊场合都喜欢燃放烟花爆竹。这一传统隐藏着大量的安全隐患，不注意就有发生火灾的危险。

让人记忆犹新的一次事故是在2009年中国的春节期间，北京的中央电视台大楼因为当地人燃放烟花爆竹而被大火吞噬。这一禁令也反映了居民房屋结构的改变，过去多是低矮的楼层，那样噪音可能只会影响附近的十几户人家，但现在多是高层楼房，噪音利用建筑的声学构造会传遍成百上千户家庭。

一个标志的存在显示了相关议题对某些人足够重要，我们暂且假设这些人是当权者，他们要投入时间和精力与知情者共同探讨是否需要设立那个正式或非正式的禁令，然后委托相关部门生产该标志，安装标牌。一些人具有无论是法律上还是道德上的权力，可以在指定地点放置标志，这反映出的是社会认同和规定受何人控制。

在绝大多数情况下，标志并不是为了下达严厉的指令和控制社会

规范，它们之所以存在，是因为那些想要控制公众行为的人缺乏相应的权力和身份，他们认为那样一个看似权威的标志就可以充当执法者替自己服务。很多正式的“遵守－禁止”标志附带着“经某权威机构授权”的标注，例如“经卫生局长批准”或者“经某市长批准”等。这些保留了领导名字的标志通常会成为城市基础设施的一部分。公众对这些“领导批示”的熟知程度甚至超过了他们的政绩。

然而仍然有很多人不会关注那些“遵守－禁止”标志，即使曾经关注过，那也是在很久之前，在知道有这么一个标志之后就养成了对其视而不见的习惯。

一些标语存在的意义是为了避免承担法律责任。“禁止依靠栏杆扶手”的标语透露出的假设是，如果你最终还是跌下楼摔断了腿，建筑所有者不负全责，至少在对簿公堂的时候他们有了托词。类似的标语在乘坐电动扶梯时也可以看到，例如“幼儿必须在他人陪同下乘坐”。

在那些拥有多种官方语言的国家，比如加拿大，其宪法就规定所有官方语言都要出现在官方设置的标志中。而标志中语言的先后顺序常与地位高低联系在一起，这点在有些国家还会成为高度政治化的议题。在印度，印地语是官方语言，英语也享受着第二官方语的地位；除此之外还有 14 种官方语言，分别是：阿萨姆语、孟加拉语、古吉拉特语、卡纳达语、克什米尔语、马拉雅拉姆语、马拉地语、奥利亚语、旁遮普语、梵语、信德语、泰米尔语、泰卢固语、乌尔都语。

标语用哪种语言，可以反映出人们的迁徙流向、度假偏好、昔日封闭社会对外来者的接受程度，以及国家之间日益频繁的贸易往来的重要性。21 世纪初，中文标语开始大量出现在非洲大陆上；英语已经在北京地铁中广泛使用；在阿拉伯国家，双语标志的排版也支持了两套文化共识：阿拉伯语是从右向左读，英语从左向右读。

标语所使用的语言还能显示出创作者的意图。在日本，一些店铺会放置只用英语写的标牌，这样做的目的并不是为了方便那些说英语的顾客，而是为了营造一种国际化的氛围。同样的道理也可以用来解释，为什么那些不懂日语的西方人会穿印有日文的服装。他们在文身时使用不恰当的日本文字，并且被知道文字真正含义的人取笑。随着世界渐渐开始欣赏中国文化的精妙之处，人们越来越期待看到更多由中国设计师创作的带有中国文化特色的产品和服务。

在文盲率相对较高的社会，那些知识水平不高的人更愿意依赖他人的指导，而非指示牌。例如，一个新德里的文盲三轮车师傅，穿行在不熟悉的地区时，他可能会拦下一辆经过的车询问方向，也可能打电话向朋友求助。

支持文盲使用的城市标志也不乏先例，设计师兰斯·怀曼（Lance Wyman）曾在 1968 年为墨西哥城市地铁设计了一系列标志。当时墨西哥的文盲率还很高，每个地铁站内装饰着简单的图标，比如鸭子、大炮或者铃铛，与站点附近的历史文化地标遥相呼应。

还有一些标志记录了科技的进步。在“禁止使用手机”的标志中，手机的形象也日新月异，从摩托罗拉的标志性“砖头机”到诺基亚的直板机，再到苹果公司的 iPhone，每一代人回过头去看当时的手机都觉得很土，正如下一代人看现在的我们一样。在埃及，你还能见到画着老式转盘拨号电话的图标作为手机服务的标志。

在正式的标志上时不时能发现一些细小的颠覆性设计。当你注意观察那些表现“禁止”元素的细节时，往往会感到预料之外的细微差别。我曾在东京见过一个“禁止骑车”的标志，那是一个自行车爱好者的典型骑行姿势，从他骑的自行车剪影中能看到圆形的车轮和手把，而且手把上没有刹车——所有这些细节只有受过竞轮（Kierin，赛道场内的单车竞赛。——译者注）训练的人才能看出。显然这是对竞轮有所了解的设计师有意为之，以一种友善而顽皮的方式加以提醒。

“禁止”类标语还能反映珍贵的亚文化（Subculture，是社会学中的名词，是指在某个较大的母文化中，拥有不同行为和信仰的较小文化或一群人，亦称为次文化。——译者注）和反文化信息。在东京的小型社区公园里，我见过“禁止练习高尔夫挥杆”的标语，它很大程度上反映出日本中年男女对该项运动的喜爱，以及在那里练习可能存在的危险。这个标志的存在也说明，很可能就有人在这里练习挥杆。为什么公园里没有“禁止练习挥棒棒球”的标语呢？众所周知，棒球是日本的国球，而且其对公园行人的危害不亚于高尔夫球。之所以没有在公园里树立“禁止练习挥棒棒球”的标语，原因可能有两点。首先，棒球运动往往被局限在指定的棒球场地；其次，东京各个社区附近有小型的高尔夫练习场，但是需要收费，而公园却是免费的。

标语本身当然没有言外之意，但是标语上选择禁止某项活动，而不是禁止其他活动，则说明了很多问题，包括公共场所是如何被利用的，以及当地居民认为它该如何被使用。

在人口密集的大城市，一个人粗鲁的举止可能会影响到周围的许多人。各种规范对行为的约束经常体现在折磨人的细节之中。东京地铁站内有标志明确规定，吸烟、毛手毛脚、打电话、外放音乐、补妆、安全门即将关闭时跳上车、在车厢地板上睡觉、吃东西等行为会受到公众的谴责。

一个地方缺乏标志也能说明很多问题。好比我们团队在伊朗的一次野外考察，当时是午夜时分，我们在首都德黑兰北部的一个公园闲逛。整个公园只有两处标语，一处写着“喝这里的水”，另一处写着“不要喝这里的水”。与被视为世界上最爱管闲事的美国相比，一个类似的公园里可能充斥着名目繁多的规章制度，以及大量的“遵守－禁止”标志，尤其是在儿童玩耍的区域。无论公园是在伊朗、美国还是世界其他国家或地区，这类标志都可以作为衡量治安环境的指标。

到底哪个更复杂？是通过放在你面前的实体标志体现规章制度，还是将什么可以做和什么不可以做的共识根植于社会结构？难道缺乏标志就说明没有论证、思索、得出结论和采取措施的过程吗？

就许多方面而言，设立标志是最后不得已的手段，是对一个空间所做的脚注。**标志应该被设计为更便于大家直接理解和运用，而非书面的指导。**城市规划者、建筑师和设计师创造了一堆令人生厌的词汇附属物，诸多基础设施上也遗留着能够影响人们行为的蛛丝马迹。例如在路面上设置球形金属围栏，以阻止滑板经过；常有鸽子光顾的区域被设置上锋利的钉子。

在你盯着街道上的各种标志训练眼力的时候，也请考虑一下在数字化程度更高的未来它将如何发展。如果我们的能力不断增强，强到可以创造数字化平行空间，并将这些空间覆盖在我们周围的整个世界，每个人理论上都可以创造一个那样的平行空间，贴各种标语或评论，而那些知道通往平行空间路径的人就可以获得信息。假设标志的生产者——从官方代理商到广告商，可以利用越来越精密的摄像头和传感器观察行人，那他们会如何把收集来的数据更好地应用到标志生产上呢？说不定他们会给“禁止吸烟”的标语配上你高中时严厉的数学老师的头像和语气，让它更具权威性。

微距之旅，抓住“环境精神”

设计师常说要跟上时代的脚步，这里的时代一词原文是德语，翻译过来的字面意思是指时代精神（Zeitgeist），但是其内在含义远远大于字面所指。时代精神所代表的不仅是当代的各种潮流和风格，更是一种情绪和本质。优秀的设计师在文化的浸润中能够获得一种直觉力（Intuition），知道哪些设计与时代精神相符，哪些不相符。

从某种意义上讲，直觉力也可以用来指代环境精神（Platzgeist），它表示的是对环境精神的整体把控，其中涉及范畴很广，包括社区、城市、地区和国家。所有在上文中提到的技巧都可以有意识和无意识地帮助你获得对环境的把控力，但是通过感官刺激抓住的环境精神，可以为你创造一个名副其实的情绪数据库。当你对环境的把控随着时间的推移有所减弱后，那个数据库还可以成为你重回故地的“车票”，帮你温习记忆中的环境精神。

微距之旅（Marco Tours），是指通过一部配备微距镜头的数码相机捕捉环境中各种画面的旅程。它让你有机会欣赏微小的事物，例如某件物品的质地、颜色、形状，甚至物体表面的锈迹，给你最近距离的观察体验。利用微距镜头，你可以将事物从它们的背景中抽离出来，再让拍摄画面成组出现，以重复手法达到突出主体的效果。

践行微距之旅，可以让调研人员在某个社区中边走边拍，或者规定在一个相对封闭的区域内完成，比如便利店里、公共汽车上或者开放的公园里。微距之旅最好由几支队伍共同执行，这样在接下来的会议上，不同团队可以将各自采集到的照片汇总、归类并分享。此外，微距照片中透露出的有关当地的细节和深度信息，也为大家日后作报告、开经验分享会和制作影像资料提供了有用的素材。

除了微距之旅外，还有广角之旅和全景之旅，它们的目的是把更多的景色放进照片里。与高分辨率和基于细节闪光点的微距之旅不同的是，广角之旅和全景之旅注重的是对大背景的整体捕捉，而这种放大和缩小的对比，为我们领会环境精神提供了完美的视角。

上述行动的本意是抓住在某个环境中的感官体验，但其意义已经远远超越了感受视觉冲击。当然，想要让它把嗅觉、味觉和触觉体验都记录下来并循环播放还很困难，但总有一天它们也会成为可能，而听觉可以让整个过程变得更丰富美妙。

所谓安静的环境很少是彻底的无声，只是我们训练自己的耳朵，让它过滤掉了环境中的噪音。高级音频收集设备通过采集被忽略的声响，让我们对环境有了更充分的认知，一群通勤的平底鞋中一双高跟鞋发出的嗒嗒声，远处一个孩子呜呜的哭泣声，以及机器音频接口处的脉冲声。回到办公室后，在会议上播放这些声音可以还原数据采集时的环境，唤起成员的感官记忆；另外还可以进行多音轨合成，增加影像资料的信息量。

本章中简明扼要地提到的几个文化校准方法，这些方法设计得既有趣又充满启发。但是当它落实到集体调研中时，又是否实用呢？尽管它们不影响正式研究的进度，但还是要占用一些时间和精力，或许还会缩短调研人员的休息时长。

让我们先来实践一下。假设你正在设计一个微波炉，想要针对特定的消费者设计出更优秀的产品，那么更理解当地人的通勤习惯对你完成这个设计会有什么帮助。如果当地人都是你的目标消费者，那么了解他们的通勤生活可能让你对他们狼吞虎咽或边走边吃早餐的行为有一些独特的见解。你会看到他们怎样在公交车或地铁上吃早餐，而这些行为习惯则取决于当时的环境是否允许，以及各种正式或非正式的规章制度如何规定。

从广义上讲，它能帮助你了解目标消费者如何生活和他们追求怎样的生活，他们日常生活中面临哪些挑战，以及如何在便捷程度、成本和舒适度上找到平衡点。当你直接采访消费者或者去他们家里调研时，通勤和其他相关活动的经验将有助于你理解对方在采访中透露的信息，而这是基于人口特征分析得出的假设所无法提供的。

文化校准的窍门就是找准平衡点，这样设计出来的产品才不会让消费者感到刺激过度。适当的操作方法是：不时地考量一下你和团队在寻找过程中获得了多少回报，以及付出了多少精力。缺乏经验的团队常常会收集大量的数据，但这并不会给他们带来更大的回报，所以最聪明的，通常也是最勇敢的选择是放手，专注在能产生更多收益的方法上。

一般情况下，要判定一项设计调研完成得是否出色，得注重是否在各种正式和非正式的数据收集中找到了正确的平衡点，并且有相应的精力和空间来处理这些平衡点，将原始信息转化成行动指南，充分地将数据运用到手头的工作中。

大多数调研人员一方面学习了中规中矩的调研方式，另一方面又要与自己的以及客户的良心做斗争，证明那些感觉上不像工作，带来更多乐趣的调研活动有理可依。我称之为“找到最佳的接触面”，它属于我收录在本书附录里的设计调研八原则之一。

我们从抽象知识中想象出实物的能力，经过实践而得到增强，最终能够准确辨别哪些经验可以运用到当前任务中。无论你是开创一家新公司、设计独具特色的产品，还是找到今后事业发展的趋势，快速校准文化的技巧和从普通场景中发现隐藏信息的能力，将会给你指明方向。在你的工作和生活中利用好它们，你将获得灵感上的迸发。明白了这些，财源自然滚滚而来。

第6章 走进六维信任生态系统

都市人愿意花三十几元在星巴克喝一杯咖啡，却不喜欢在胡同里的包子铺花十元吃一顿早饭，相比之下，乡镇居民则更青睐仿制“伟哥”和二十元一张的 Windows 系统光盘。

在信任度高的消费生态系统里，消费者会做出一系列“产品和服务值得信赖”的预设，而在缺少选择的条件下，消费者通常都会降低他们的信任门槛。

1849年7月8日，《纽约先驱报》（*New York Herald*）上刊登了一篇报道，使得当时一个叫威廉·汤普森（William Thompson）的外表文雅的男人名声大噪，那篇报道称汤普森会时不时地在纽约各个街头与陌生人套近乎。在用开玩笑的方式赢得对方的信任之后，汤普森会做一个实验，他问对方："你对我有足够的信任，愿意把你的表让我保管一天吗？"那些表示肯定的人会把表交给他，然后汤普森就拿着手表眉开眼笑地离开。

人们原本以为，一个会提出如此出格要求，而且十分友善的人应该值得信任，但事实是没有人再见到过汤普森，直到一个叫作托马斯·麦克唐纳（Thomas McDonald）的人被骗。克唐纳把自己售价110美元（相当于现在的3 000美元）的金表交给了汤普森，在发现自己被骗两个月后，他又在街上发现了汤普森的踪影，于是立即找了一名警察来逮捕了汤普森。

这个奇特的作案手法被所有人知晓后，汤普森得到了"欺诈犯"（Confidence Man）的称号。美国作家赫尔曼·梅尔维尔以此为灵感，创作了小说《骗子的化装表演》（*The Confidence -Man*），同时还创造了“化装”（Masquerade）这个词。

威廉·汤普森可能是骗子的开山鼻祖，但是错信他人的故事早在《创世记》（*Genesis*）中就有记载。当时，比陆地上其他野兽都要脆弱的蛇，欺骗了伊甸园中的夏娃和亚当。人类的起源说明了信任是构成人类各种关系的最基本条件。

信任与我们所做的每一件事都息息相关，涉及社会交往和商务往来的方方面面，大到各种选举投票和条约协议，小到每一次承诺和拒绝。没有信任，我们就无法在社会中生存；没有怀疑，我们也无法在社会中生存。什么值得信任，什么不值得信任的评判标准构成了个人和文化的一部分特性，这也导致我们倾向于嘲弄那些太轻易相信别人的人，同时又认为那些总是不相信别人的人患有被害妄想症。

现在这个时代，还有谁会将价值 3 000 美元的手表交给一个在街头遇到的陌生人？谁还会不厌其烦地打开每一封标题为“我是尼日利亚的一位王子，我需要您的帮助”的邮件？我们的标准可能会随着时间的推移而发生改变，但都是在我们可预料的范围之内，视具体情况而定的。我们将带着这一目的，开始一趟全球之旅，探索为什么我们更愿意相信某些人和某个品牌，而不是其他人或其他的品牌？建立和维持信任的因素有哪些？

这趟全球之旅的第一站是中国。

在一个冬日的上午，你快步走在北京的胡同里，为了抵御严寒你四处观望，想要找个地方吃点东西暖暖身子。明天你还要飞往东京，参加客户推介会，所以想要保持一个良好的状态。当时你看见路边的一个包子摊，蒸笼里有热气腾腾的包子，正在叫卖的是位矮胖的妇女，她有着一张饱经风霜的脸，穿着污迹斑斑的围裙。你相信这个摊贩的包子卫生吗？如果不卫生的话，食用后会造成哪些后果？证明它卫生或者不卫生的细节都有哪些？你相信自己对那些细节的判断吗？

一周之后，你飞到了距离北京万里之外的旧金山。此时你身处当地的一家星巴克，正端着一杯咖啡，站在调料台前迟疑。你看着满是指纹的调料壶，上面贴着一个字迹模糊、斑驳不堪的标签“一半牛奶一半奶油”，正犹豫要不要用。有多少人拿过这个壶？其中又有多少人去了洗手间后没有洗手？这卫生吗？同样的，证明它卫生或者不卫生的细节都有哪些？如果不卫生的话，食用后会造成哪些后果？

就在你作出判断的那一刻，无论是站在路边的包子摊，还是在国际知名连锁店的“一半牛奶一半奶油”调味壶前，你都在借助大大小小的显性或隐性细节来考虑问题。从环境因素，例如其他顾客是否在场并且自担风险，又或者是否值得在这样的环境下体验一次终生难忘的经历，品牌的价值和其传递的信念是什么，以及如果发生了意外，会造成什么影响。所有这些场景和思考的细节都包含在这一瞬间里。

正如自然界中存在生态系统一样，社会中也存在着一个信任的生态系统，我们是否相信一个人或一件事，往往是由周围的环境和事件的主体决定的，从当地的犯罪率，到亲身所见所闻，陌生人的态度是否友好等，这些因素塑造了人与人之间的交流方式。而且，当信任生态系统发生巨大变化时，其中的每个人和事物都会受到影响。

评估信任感的六个维度

在我们开始用探索生态系统的方式检测信任之前，先来瞧一瞧大家实际上是如何评判产品和服务值不值得被信任的。这里并没有简单的公式，信任感可以源自任何事物，从一种模糊的感觉，到一次尝试后的美妙感受，或者简单的心理安慰。比如说，我们可能会拒绝在任何一家四星级以下的餐馆吃饭，而这里所谓的星级是由一家值得信任的餐饮评论网站给出的。但是当一位吃货朋友不经意地推荐了一家他发掘的小店时，你可能也会破例一试。尝试是接受行为的基础，这就像我们在第 3 章分析人们对新事物的接受行为时提到的阈值图。它很好地诠释了社交网络和信任生态系统本身如何对决策过程产生巨大的影响。

如同你期望从极其复杂的事物当中获得丰富的信息，可以为你带来信任感的方式也多种多样。信任感对我们的决策起着关键作用，然而它又极其依赖大量的直觉信息。

当产品的性能与我们原本认为此类产品应该具有的性能一致时，我们就认为它是真货，虽然这种真实性很主观，并深受社会文化的影响。例如比萨这种食物，纽约人认为地道的比萨应该薄脆少汁；而芝加哥人则认为比萨厚实多汁才够味。而两个城市的人都无法接受加入黄油的番茄奶酪比萨。

只需一个细微的差别就可以让恐惧转变为舒适，但是在整个信任生态系统和单个信任链之间，信任在特定的生存环境中有基本的原则，那就是为了生存而保护我们拥有的基本资源。根据层级结构，让我们从真实性、实现度、性价比、可靠性、安全性以及退换承诺 6 个重要方面来评估信任感。

实现度。用英国经久不衰的木材着色剂和防腐剂品牌皇室牌（Ronseal）的广告语来说："罐子上写的什么效果就能达到什么效果。"消费者信任那些兑现了自己承诺的产品而不相信那些食言的产品。

性价比。可以被定义为质量和价格的比值，简而言之，性价比高的产品，不会让我们有被坑的感觉。

可靠性。与实现度基本类似，但可靠的产品还应该是可以持续使用的，这样我们才能指望它在我们最需要的时候仍然表现良好。那一刻可能就在明天或者后天。

安全性。很容易理解。我们不会相信那些会对自己、他人身心健康和环境造成严重伤害的产品。

退换承诺。是一种保证，它明确或者含蓄地表明，如果产品有破损或与描述不符等情况，制造商或经销商会及时并礼貌地处理问题。明确地承诺可以是一张质量保证书、客户服务专线和退换或退款担保。

上述6个方面的共同点在于，它们都可以成为法律、准则和规范，通过《广告法》中的真实性原则、《消费者权益保护法》和其他健康安全法规来执行。但是法规的执行力度在具体情况下会有千差万别，就像人们对以上6项基本要素的主观评价那样，会因为个人经历和可利用的信息量而有所差异。在这些法律规范和主观评价之间，建立起来的一套预设系统就是所说的信任生态系统。

在一个信任度高的生态系统里，顾客会期望生产商用一个合理的价格提供可靠的产品和服务；期待产品宣传中不含有虚假成分；当遇到恶劣的违法事件时，司法机关也会站在他们那一边。反过来，这个生态系统中的生产商会希望顾客用消费量来回馈他们提供的产品和广告宣传。

在一个信任度低的生态系统中，顾客对大多数产品都持怀疑态度，并且缺乏维权意识。生产商一定会假设他们拥有举证责任（当事人对自己提出的主张有收集或提供证据的义务，并有运用该证据证明主张的案件事实成立或有利于自己的主张的责任。——译者注），也知道可以尽可能地推卸责任，从而避免罚款或法律纠纷。

显然在信任度不同的两个生态系统中，消费者的预设也完全不同，他们要么很相信产品直到出现红色警报，要么根本不相信直到恐惧的心理被打消。

我们可以将上述两个预设作为信任阈值图上的两条线，两条线中间是消费者的一般信任区。在一般信任区以下是拒绝信任区，一般信任区以上则是完全信任区。在拒绝信任区，消费者不会使用那些有待验证的产品和服务，因为他们相信收效要远远少于投入，这里的投入可以指金钱、健康、名望或者任何在消费时要考虑的条件；在一般信任区，会有一部分消费者愿意尝试，但他们还是会有一定程度的怀疑，消费者会时刻保持警惕，一旦有任何出现问题的征兆，他们就会立即中止交易；然而在完全信任区，消费者完全相信产品和服务提供商会兑现其所有的承诺，这也就意味着他们没有必要浪费精力去检查瑕疵或者为意外情况作准备。

让我们再回到之前提到的那两个场景：北京街边的包子摊和旧金山的星巴克咖啡店。从大多数国际标准来看，中国的消费者生态系统的信任度很低，尤其是在餐饮行业。在过去的数年中，常常会曝光食品安全问题，从用明胶和石蜡等化学物质加工的臭鸡蛋，到把鸭肉浸泡在羊尿中制造出的假羊肉，以及臭名昭著的地沟油。在信任阈值图上，这些问题正好落在拒绝信任区。

一家餐馆该如何将潜在客户拉进一般信任区呢？他可以改变室内装饰的风格，设计新菜单，张贴一些这家餐厅的正面报道，甚至可以适当地提高消费水平使这家餐厅看起来更高级。还有一种更加直接的方法，就是将食物的原材料和最后的成品联系在一起。

当一盘鸡被端上来的时候，你知道这是鸡而不是其他的肉类，因为鸡头、鸡翅、鸡腿和鸡胸都排在餐盘上。与信任度相对更高的消费者生态系统相比，在信任度低的系统中，挂羊头卖狗肉的事情发生频率更高。

接下来回到旧金山的星巴克咖啡店。美国是一个拥有相对较高的，并且执行充分的消费者保护标准的国家，而且有一整套企业安全标准。在这样的环境下，消费者的预设是：那个装有“一半牛奶一半奶油”的壶绝对安全，这家咖啡店里的一切似乎都符合安全标准。但是任何有损安全性的细节，例如粗心员工未清理干净壶上留下的污迹，以及在壶周围飞舞的苍蝇都会让你三思到底要不要使用这个调料壶。

至于正在喝的那杯咖啡，也请你仔细想想它的真实性（这是公平交易吗？），实现度（如果你点的是低咖啡因咖啡，他们有做到吗？），性价比（它到底值不值 3 美元？），可靠性（这杯与你昨天喝的那杯一样可口吗？），安全性（当你拿着咖啡纸杯走向汽车时，杯盖会不会掉，里面的咖啡会不会洒出来烫伤你？），以及退换承诺（如果你觉得喝着像烧焦的泥土，店员会不会给你换一杯或者退款？）。但是就上述标准来看，星巴克是一个普遍认可的值得信赖的品牌，金字招牌就已经为你省去了考察的麻烦。

可笑可乐与啃得鸡

品牌在信任生态系统中担任着举足轻重的角色：每当遇到某知名品牌推出的新产品时，我们对这款产品的信任度总取决于之前使用该品牌其他产品的经历。与品牌信任度紧密相连的是品牌忠诚度和连带的积极情感，这两者都有助于品牌抢占市场份额并获取额外收益。

品牌信任度还会影响人们对该品牌评论的接受度。信任是一个品牌的主要资产，信任危机将给企业带来毁灭性的灾难。

> 咨询公司爱德曼（Edelman）提供的“信任度晴雨表”显示：当人们信任一家公司时，51% 的人只听过一两次有关该公司的正面消息就愿意相信它是真的，而只有 25% 的人愿意相信该公司的负面消息；但如果人们不信任这家公司，就会有 57% 的人很容易相信该公司的负面新闻，只有 15% 的人会相信相关的正面消息。

如果我们从真实性、实现度、性价比、可靠性、安全性以及退换承诺这 6 个方面来考虑品牌，就会知道建立一个被普遍认可的品牌会得到哪些好处。可乐之所以是可乐，是因为从真实性上看，它的味道一直符合了你对它的期待；在实现度方面，你之前喝过，所以知道它会对你产生什么影响，当你再喝时会想获得同样的感受；性价比方面，假设过去 1 杯可乐要 1 美元，那它给你造成的一个长期印象就是，你会觉得下一杯也值 1 美元，这都要归功于认知偏差导致的沉锚效应（Anchoring Effect，指的是人们在对某人某事作出判断时，易受第一印象或第一信息支配，就像沉入海底的锚一样把人们的思想固定在某处。——译者注）；可靠性方面，每次喝可乐，它的味道和口感都没有变化；安全性，因为之前喝的时候没有什么不良反应，所以你可以合理地推断出，下一次也不会有大问题；如果一个品牌可以保持上述一致性，那理论上它几乎不需要退换承诺，一系列的预设就能赢得消费者的完全信任，彻底打消他们退换的念头。

在退换承诺方面，可口可乐公司给出了一个警示。当一个品牌的核心产品和核心价值不能保持统一时，其后果往往是损失惨重。1985 年新可口可乐上市，新配方引起了巨大的轰动，让公司在信任生态系统上付出了惨重的代价。幸好可口可乐公司的高管及时回应了消费者愤怒的抗议，在随后的 79 天里将原配方的可乐重新上市，从而挽救了公司的声誉。

鉴于消费者对知名品牌的信任，竞争对手难免会想要复制、剽窃或者以致敬的名义效仿现有品牌，生产高仿产品，以此提高自己产品的销售额。市场上与真品相似度极高的太阳眼镜和手机屡见不鲜，因此我们对高仿产品也见怪不怪。

虽然品牌公司、消费者和监管部门对假货的定义各不相同，但是我们确实都或多或少见过一些品牌名出现在了不该出现的商品上。我曾在阿富汗首都喀布尔遇到过一个最极端的例子。

> 一家名叫KFC的餐厅其装潢和食品非常像肯德基，店内有山德士上校那张熟悉的笑脸、肯德基标志性的红白配色，以及独有的油炸面团的香味。
>
> 但肯德基的母公司百胜餐饮集团在喀布尔没有任何代理，这家KFC仿冒了肯德基的商标，其英文全称换成了Kabul Fried Chicken（喀布尔炸鸡）。在一个饱受战争摧残的国家，有人肯花钱装修一家快餐店就足够引人注目了，而最让我感兴趣的是，这家KFC不只是简单地复制其他国家现有的模式，还根据当地风俗习惯作了适当的调整。

如果你走进一家真正的肯德基，或者任何一家相对国际化的快餐连锁店，将不会在菜单或者招牌上看到食品真实原材料的图片。在信任度很高的生态系统里，快餐公司会尽可能地将销售的食品和原材料分开，但是在喀布尔情况发生了改变，炸鸡店的菜单上会增加一幅鸡的实物照，此外菜单上还增加了烤肉串，这可能也从侧面表示了它并不是一家地道的肯德基。在一个鸡肉可能不是真鸡肉的国家，消费者需要实物照来提供安全感。

根据这个特定的信任生态系统，我们知道真实性大部分建立在食品和原材料之间的直接联系上，比如上面例子中提到的就是炸鸡和它的实物照。在这家KFC里，信任是通过展示食物的真实性而产生的，而不是单纯证明这家餐馆由肯德基官方授权。

如果一家在美国肯塔基州经营的肯德基官方旗舰店，像喀布尔的KFC炸鸡店那样提供活鸡的实物照和烤肉串的话，那么美国当地的消费者反而会对这个品牌失去信心，因为那些新加的产品和服务完全颠覆了肯德基粉丝们的认知。正如可口可乐公司的领导后来发现，他们错误地引入了新可乐，让消费者有机会去评判哪种可乐是真的，哪种是假的。虽然新可乐也是正品，但消费者并不买账。只需问一问推出生命拯救者牌苏打水、高露洁厨房主菜、Ben-Gay 阿司匹林、比克牌内衣或者史密斯－韦森牌山地车的人就知道，无论企业多么大牌，推出错误的产品也一样会失败。

淘宝网的“先闻后买”战略

20 世纪 90 年代中期，我从大学毕业，在伦敦大学伯贝克学院教授设计课程。我曾经给学习网页设计的学生布置了一个作业：拆分泡一杯茶的过程。这就好比解构电子商务的流程那样，目的是让他们思考设计流程中的细微差别。许多学生认为泡茶的流程很简单：走到厨房，把水壶灌满水，打开炉子，将水壶放在炉子上，在几种茶叶中选一种你最喜欢的。你应该能想象出那个场景。

尽管过程大体一致，但同学们在一些细节上还是存在分歧。例如，在打开炉子之前是否该把茶叶放进茶壶里；应该用哪种茶叶（同样的问题在中国或印度很可能会得到完全不同的答案）；烧水是用电炉还是煤气炉；加糖还是不加糖。

当我问有谁能够提出一些其他人没有想到的步骤时，只有一个学生举了手。他说了一个超出多数人的预期，却又非常合理的步骤：闻一闻牛奶。这名学生是一个单身汉，平时在公寓的时间不长，也没有按时采购的习惯，因此他常常发现那一大瓶牛奶还没来得及喝完就已经坏了。闻一闻牛奶就是他检查牛奶有没有坏的方法。

回到我们之前提到的星巴克的例子，想一想在一家全球连锁咖啡店里闻牛奶和在家里闻有什么区别？在星巴克，几十种信号在向消费者表示牛奶值得信赖。从门口挂着的卫生检查登记，到证明它是刚从冰箱拿出来的、壶外壁上生成的一层小水珠，以及娴熟的店员定期更换奶壶的举动。可是在家里，唯一的指标就是盒子上的保质期，它可能具有一定的参考价值，但是不能确保牛奶没有变质。

我们在生活中都会使用闻一闻的方法，这可以帮助我们在消费或者交流的关键时刻重新确认一件产品、服务或是个人是否值得我们信任。**了解消费者的信任生态系统如何运转，以及哪些积极的线索会增强信任感或者减少担忧，这是所有优秀设计师、产品开发者、市场营销人员和形形色色的创新者必须具备的能力。**无论他们的终端用户是要泡一杯简单的茶，还是管理复杂的网上交易。

在信任度高的消费生态系统里，消费者的一系列预设是：产品和服务值得信赖，通过突出真实性、实现度、可靠性和退换承诺 4 方面，信任指标就会沿着支持原有信任度的方向前进。电视广告中播出的标语，类似“雪佛兰，深沉的行者”，强调的就是品牌的长远影响，而不是某个新产品的特性。

在信任度很低的生态系统里，销售者需要向潜在客户证明自己值得信赖，设计信任指标的目的就是能把消费者从拒绝信任区拉进一般信任区。如果指标显示产品或服务违背了安全性和性价比这两点，那将导致相当严重的后果。花了一个月工资买了一个水货的手机是一回事，但是买了一个既不能打电话，甚至可能电死你的手机，那就是另外一回事了。

在这个时候，设计一个类似“闻一闻牛奶”的测试并不难，只需要我们动点小脑筋。在中国重庆，出租车司机一般会将座套作为干净卫生的信任指标，而最让人放心的是那些在驾驶和副驾驶座套背面印上当天日期的出租车。并不是说其他出租车司机没有每天更换他们的座套，而是他们没有直接向乘客证明这一点。

截至 2009 年，在乌干达和阿富汗，通电地区人口分别只有 9% 和 15%。其中许多手机使用者需要到小摊位和杂货店，用汽车电源或可变电源充电。那消费者是怎么知道店主没有用空的电源给他们充电？在阿富汗电网覆盖范围之外的地区，商贩会在电源上装一些小灯泡，灯泡亮着就说明机器有电，这简直就是不言自明的信任广告。

那消费者又怎样确保他们的手机在充电时不会被盗呢？我曾经在乌干达的摊点旁观察，店主会将手机放在小的储物柜里。对此我的看法是，它不过是个“安全剧院”(Security Theater)，一种在没有更好的安全措施前提下让用户感到相对安全的办法。任何形式的安全剧院都是为了提供一种心理安慰，并非坚不可摧的防盗设施。

有时候，服务自身的设计和操作就提供了“闻一闻”的机会。

堪称中国版 eBay 的淘宝网，是在一个信任度低的生态系统中运作的，因为网络是一个更加缺乏信任感的平台。淘宝和 eBay 在交易中最大的不同在于，淘宝创造了一个专门的聊天平台，使于买卖双方进行实时交流。其次，淘宝还允许消费者先将钱打入第三方账户，等到验货满意之后再支付给卖方。淘宝不仅成了商业交易的平台，还是买卖双方信任关系的担保人。以上的不同点正是 eBay 在中国失败，而淘宝脱颖而出成为最大赢家的原因。

当然，将信任注入产品和服务的方式还可以更加细致。比如颜色、质地、印刷、形状、款式、重量和体积等设计元素都有助于建立信任感，传递出生产商和经销商的承诺。

我在这里为消费者提供一个思维练习方法，下次购物时你就可以实践一下，不管是买电子产品还是买牙膏都可以。你可以花一点时间比较一下两三个品牌的同类产品，想一想是什么让你更相信这个产品而不是其他产品。影响你的是品牌，或是你过去使用该品牌产品的经历还是包装设计，抑或是价格。

设想一下，如果你作了错误的选择，也就是说你的期望与最终得到的结果之间存在巨大反差时会有什么后果。你会觉得被欺骗了吗？你会向更多人讲述这个刚发现的不诚信事件吗？有没有什么个人理解和客观环境因素会夸大或者缓解那些后果？

在评估了各种可能的后果之后，你再想一想自己愿意支付多少钱来买一个相对更可信的产品。怎样算足够信任，怎样算难以接受？对于为了突显信任感而过度设计的产品，你又会如何反应？比如说，一包 6 块装的清洁海绵包装得像高档智能手机一样，或者附加一个需要填写私人信息的保修卡，抑或承诺如有任何问题，你都可以立马在该品牌的旗舰店退换。面对这样过分建立的信任感，你该怎么办？

如果你想对这一思维练习法有更深入的了解，可以结合在本书第 3 章中提到的“扩散过程”的 5 个阶段，分析从意识到、感兴趣、评估、试用到接受各个阶段，甚至包括人们在接受之后的使用过程中是如何评估产品可信度的。

最后，在产品使用过一段时间后也会存在信任问题，这体现在保质期、有效期等设计细节上。就像那个闻牛奶是否坏了的学生，我们时不时都要依赖感官信息，判断东西是不是坏了，因此许多内置的警报器会加入部分感官元素，正如刹车片中发出的声响，或者为了方便我们追踪天然气泄露源而在其中加入的刺鼻气味。

然而，还有一些预警机制被认为过度积极，例如保质期远远小于食物真实可存放的时间，或者电动牙刷包装上写着建议更换不同功能的刷头这种大可不必的建议。过度建立的信任感反而让消费者变得不再相信，并开始忽视这些产品的存在。所以，当你在比较产品之间的信任度时，可以思考一下它们提供的测试方法分别是什么，如何才能设计出既合理又值得信赖的预警机制。

每个人都是消费者。当我们通过这个思维练习法来分析自己的消费选择时，就能够获得隐藏在选择背后的基本原理。对所有试图生产值得消费者信赖的产品和服务的人而言，运用这个方法能够设计出让消费者愿意使用的产品，但不能确保会受到他们的一致好评。一套提出上述问题的系统方法对于理解消费者的心理至关重要。

现在，一切都该一目了然：信任感能够影响消费者的决策，也会被消费者所处环境中的各种因素影响。从交易场所到品牌，再到产品的设计和陈列方式等，影响无处不在。关于这一主题的文章已经发表了很多，还有数不胜数的文章即将被发表。我的目的也不是想要为你逐一分析信任关系，而是提供一些解决问题的新思维。另外，我还在本章的最后一节留下了一个最令人费解，同时又让人着迷的难题：整个市场是如何建立在坑蒙拐骗的基础之上，就算违背了不成文的信任规则还是能够兴旺发达？

山寨崛起与不断降低的风险成本

成都，四川省省会城市，可能很多西方人不知道这个人口超过 1 400 万的中国大都市。我有幸在 2006 年的冬天与一位旅行者一起探索过那里的后街小巷，还遇到了一位卖情趣用品的男士。他的摩托车后面挂着一个小木头箱，里面放着各式各样的药品和安全套，俨然一个小型的情趣用品商店。

继续往巷子里面走的时候，我们又发现了两家类似的情趣用品店，它们都出售当地生产的万艾可（Viagra，由美国辉瑞研制开发的一种口服治疗勃起功能障碍以及早泄的药物。——译者注）。

在一个信任度较低的生态系统里，消费者买到假冒伪劣产品的概率很大，加上摊位又是可移动的，几乎不可能退换。然而就在那条小巷里，三个情趣用品店都在争夺着同样的消费群体——有身体障碍的中年男人。在这些山寨万艾可的包装上，一般都写着与实际药效不相符的信息，诸如“持续见效 216 小时，强身健体”等。相比之下，正品万艾可的外包装更简单，白色的盒子上只印着成分说明和商标。

一条街上有三个商家在卖同类竞争产品，这说明这些产品很有市场。然而，消费者在这种店铺里买到假货的概率很高，轻则药物根本没有效果，重则对身体造成严重伤害。那人们为什么要买风险如此高的产品呢？这一行为似乎违反了我们之前讨论的每一条信任规则。

根据经济合作与发展组织（OECD）2008 年发布的报告显示，假冒伪劣和盗版产品的贸易额为2 500亿美元，占全球贸易总额的1.95%。这还只是一个大约值，没有包括黑市交易。因为走私者不会发布季度销售报告，而且大部分从网上下载音乐和改装车等交易的价格并不真实，所以我们根本无法测算真正的成本。但是不管怎样，买卖双方肯定都有利可图，否则市场就不会存在。

过去几年，微软公司一直在试图解决中国的软件盗版问题。从起诉电器商家涉嫌在出售电脑时预装侵权系统软件，到在杭州加大投资进行战略部署，微软以行动兑现其打击侵犯知识产权的诺言。

2011 年，微软公司 CEO 史蒂夫·鲍尔默（Steve Ballmer）宣称，尽管微软在中美两国销售的个人电脑数量相差无几，但是公司在中国的收益仅占美国的 5%。我不知道他是如何得出这个数据的，可是我知道一件有趣的事，如果你去中国任何城市的大街小巷逛上几圈，就能在路边找到卖盗版碟的小贩，一张盗版 Windows 系统光盘只要 20 元人民币。

然而，就算鲍尔默所言不虚，我仍然认为微软也能从盗版软件中获益。虽然微软现在获得的收益或许要相对少一些，但是人们在使用其产品和平台的同时，也创造了一种使用文化。盗版软件建立了用户对微软产品在意识和技术层面上的双重依赖，而作为计算机操作系统，微软的用户遍及每一个家庭和企业。**无论操作系统是正版还是盗版，人们在学习它时投入的时间、金钱和精力都是很大的，这将成为学习另外一种操作系统的障碍。**微软赢得了客户，即使那些客户还没有付费，或者说他们没有把钱付给微软。随着进一步的发展，微软有更多的机会将使用盗版软件的用户转变为付费用户，不论是通过在线商店提供服务，还是合作伙伴的硬件销售。

不管是伪造的万艾可还是盗版 Windows 软件，都引发了我们对信任问题的思考。从消费者的角度思考万艾可的买卖，为什么有些人会相信那些不具备真实性，也没法退换，而且在安全性、可靠性、性价比和实现度上都要冒风险的产品？原因有三：

> 首先，在缺少选择的条件下，消费者通常都会愿意降低他们的信任门槛。虽然实体的情趣用品店现在已经随处可见，但是在 2005 年，中国基本上还没有一家实体店；
>
> 其次，万艾可相当于一种必备品，不顾一切的消费者为了获得所谓的好处甘愿冒更大的危险；
>
> 再次，像很多运动鞋和手机等假冒伪劣产品一样，假冒万艾可也含有一个隐性的交易使得消费者愿意一试，那就是风险成本与商品实际成本的权衡。

第三点似乎是最符合经济逻辑的原因，但是基于我多年来与底层消费者打交道的经验，我认为他们至少承担得起购买假冒伪劣产品的风险，因为这些产品基本上都可以退换。有时候，他们明知道那些产品是假的还照样购买，一是可供他们选择的商品有限；二是相比产品的实际功用，他们更在乎品牌价值，虽然大部分人购买万艾可的原因可能不在于此，但买假耐克和苹果手机等商品一定是这个原因；三是他们必须用有限的预算满足当下的需求，而假冒产品的价格一般比正品低很多。我们发现随着对假冒商品鉴别能力的提高，消费者也渐渐从购买假货转变为渴望并偶尔购买正品。

盗版软件或其他形式的盗版电子产品引发了一系列信任问题。盗版中可能存在病毒和被恶意软件攻击的风险，但是总体上看，它与正版几乎没有差别。除了街头小贩不会提供退换等售后服务之外，消费者对盗版和正版的信任度相差无几。对于正版软件供应商，最大的问题不是能否利用法律手段和政府出台的强硬措施来杜绝盗版，而是公司是否有办法加强消费者反盗版意识，或者开发新的产品和服务，让盗版商无法复制。音乐、电影和出版等产业一直面临着盗版的问题，在其商业模式被电子革命彻底颠覆后，盗版问题也愈演愈烈。相信过不了多久，盗版也将成为耐用品制造商的心头大患。

在盗版问题上，中国又一次站在风口浪尖，一部分原因在于它是世界制造业的中心，到目前为止还是盗版和仿造品的最大出口国。中国不仅具有一整个致力于复制和造假的影子产业，即所谓的山寨，而且也形成了“先复制，再超越”的制造和创意文化。

山寨手机制造商创造了第一款双卡双待手机，这吸引了那些为了打网内免费电话而购买多张电话卡的消费者；这批制造商还史无前例地在手机中内置了电动剃须刀和香烟盒。为了避免让消费者形成山寨厂商只生产小型手持产品的印象，我觉得他们还应该尝试生产山寨的保时捷跑车，或者开办山寨宜家家具城，店里面也提供热狗、冰淇淋和瑞典肉丸。

尽管正品厂商不会公开承认，但大部分在中国制造的国际品牌都将假冒伪劣产品视为地域问题。一位知名运动品牌的高管曾经在《纽约时报》（*New York Times*）上发表匿名评论："它会降低我们的销售额吗？几乎不会。它让人摸不着头脑吗？当然。但我猜，我们都把它当作某种形式的恭维。"

虽然说没有什么理由害怕山寨产品，但也并不代表山寨文化不会对全球性的品牌构成威胁。一位山寨工厂的经理告诉英国《泰晤士报》（*Times*）的记者："生产仿冒鞋子只是权宜之计，现在我们正在全力开发自己的产品。从长远来看，我们想要打造自己的品牌，建立自己的声誉。"

在供应链的每一个环节，下至一个螺丝，上到软件平台，制造商都有一套灵活的网络系统，可以将原本需要一年生产的电子设备，在一个月的时间内大量复制，并且让山寨产品的上市时间早于正品。想想当山寨厂商把这一优势运用到自己产品上时会发生什么吧！那些将制造外包给上述工厂的企业势必被后来者超越。这很可能演变为一次大规模的设计和制造革命。

对中国消费者而言，最大的问题是到底应该选择相信谁，是伴随着你一路成长的知名企业，还是一直在幕后默默钻研，终于制造出物美价廉产品的公司？是购买价格更高、注重价值优势的大品牌产品，还是购买价格更低，更看重消费者需求的山寨产品？这是全球消费者都必须面对的问题。

如果以上两个答案都不对呢？如果你不需要从宜家或其他家具店购买一把椅子，而是只需要下载设计方案，然后用 3D 打印机在家生产呢？这似乎有点不靠谱，但是考虑到极具争议的文件分享网站"海盗湾"（Pirate Bay）已经增加了 3D 打印文件的平台，而且随着技术的不断发展，毫无疑问 3D 打印的可行性将越来越高，品质也会越来越接近于专业水平。

这样一来，消费者到底应该相信谁呢？是品牌、工厂还是自己？更重要的是，你的潜在客户会相信谁？你的产品需要在哪种信任生态系统中证明自己的价值？哪些因素能增加客户的信任感？其中哪些属于文化因素，哪些又是与具体的情景相关，或者是在全球范围内通用的？考虑到这一点，它将如何改变你投入市场的产品？在一个信任感缺失的世界，你如何让消费者去“闻一闻”他的产品？关于这些问题的答案，你可以从本书中寻找，但是如果你希望获得更加确切的答案，也可以根据具体情况问问你自己，或者咨询一些潜在客户。

第7章 疯狂的简洁：剥出服务的核心价值

HIDDEN IN PLAIN SIGHT

当苹果公司将自己的产品简化到像抽水马桶一样只有一个按键的时候，消费者的需求和产品的核心也变得一目了然。然而，当印度塔塔集团把汽车简化为四个轮子和一台发动机之后，这种世界上最便宜的汽车却成了耻辱的代名词。同样是为了精简，苹果和塔塔为什么经历了完全不同的境遇？

HIDDEN IN PLAIN SIGHT

在 6 月一个闷热的早晨，我坐在一辆出租摩托车的后座上，驶过越南胡志明市郊破烂的水泥路面。我盯着一排又一排从房顶牵出来交错在一起的电视天线，思索着他们象征的地位和采用的技术，直到被街上冒出来的另一个事物吸引。这个事物也没有什么特别，不过是一个装着 3 ～ 4 升半透明液体的大瓶子，上面压着一块砖头，由一个年龄在 10 岁左右的小孩看着，他手上拿着一段塑胶管，正在询问路过的车辆是否要加油。司机停下了车，我们到了加油站，这不是家普通的加油站，而是一家原始的加油站。

那一刻，我拥有的一切关于普通加油站的认识都不复存在了，剩下的只是一个装着燃料的瓶子。小男孩把汽油瓶放在比油箱高一点点的位置，燃料就通过塑胶软管流入摩托车油箱，小男孩旁边有一位代理人负责收钱。这家加油站是如此的原始，虽然十分简单，但它完全具备一个加油站的功能。

我后来也曾在印度尼西亚、塔吉克斯坦以及其他发展中国家见过类似的原始加油站。我第一次在越南看到这种加油站的时候，它给我的冲击是如此之大，颠覆了我对加油站的认知。当你一层一层地剥掉典型的美国、中国、德国和英国加油站中的设施——标示着每公升油价的数字标牌，汽车沿着 6 个加油机缓缓移动的场景，遮风避雨的树冠状屋顶，坐在厚厚的防弹玻璃窗后面的工作人员，监控摄像头，备有各种零食和热咖啡的便利店，以及肮脏的厕所——最后剩下的就是这一个砖头压着的汽油瓶。

如果你知道自己在寻找什么，那么观察一些以最简单形式呈现的事物将获得很大的启发。但是找到基本形式到底意味着什么？你怎么知道自己见到的就是本质？或者这样说，当你发现了“用砖头压着的汽油瓶”之后该怎么做？

我们对周围的生活环境都已经十分熟悉，对一件事物了解得越透彻，它与周围环境的相融程度越高，原本需要深思熟虑之后才能获得的新奇想法就会一气呵成。我们不再提问题，因为答案和事情发展的规律已经一目了然。

但是，**如果我们让事物回归到最基本的状态，就能理解商家提供产品与服务的原始意图。我们可以利用其中相同的本质，作为针对不同市场（发展中国家或发达国家）开发同样服务的基础，从而衍生出不同的产品。**前端服务负责与每个市场中的消费者进行面对面的交流，后端服务主要负责核心流程和基础设施。

设想一件产品或者服务随着时间的推移会产生怎样的变化，一个办法是画锥形图，从那个代表现在的清晰点开始，不断地向未来延展。还有什么能比一个被砖头压着的汽油瓶更能代表那个简单的起始点呢？记住了那个简单的意象，开发任何设计方向都将变得易如反掌。

锥形图只画出了一种理论上的选择范围，一旦你踏入某一特定领域的设计之路，吸收融合多种选择之后，就有掉进“蔓延性功能主义”（Creeping Featurism）陷阱的风险。那是一种不良习惯，让你患上不断添加各种功能和特性的嗜好，最终带来的结果是实用性并未增加，反而徒增了许多困惑。设计师唐纳德·诺曼（Donald Norman）在他那本对后世影响深远的《设计心理学》（*The Design of Everyday Things*）中将蔓延性功能主义称为“稍有不慎就会致命的病毒”，唐纳德说：“虽然一针大剂量的阻滞剂能够治愈此病，但在一般情况下，还是先预防为妙。”

罗德岛设计学院校长前田约翰（John Maeda）曾经宣称：“简单等于理智。”在他的《简单法则》（*The Laws of Simplicity*）一书中，前田写了10条设计师应该遵守的法则，最重要的两点就是简化和组织性，这恰巧也是诺曼对蔓延性功能主义提出的治疗方法。而遵守那些法则的最佳途径可以说就是化繁为简，尽可能地接近本质，或者至少确保本质没有被不必要的枝蔓掩盖。

想要找到本质并非无章可循，但所有方法都涉及某种形式的精神重塑。在设计界，我们会说：“用全新的视角去观察产品和服务，进而认知它们的不同特性和可能呈现的状态。”全新的视角可以随着新成员的加入被注入一个设计团队，也可以通过重新定位自己观察的角度来获取，再结合各种方法逼我们以不同的方式评估长期以来认为理所当然的事。

过去几年，我在资源高度受限的地区（即有些人习惯称之为贫穷的地区，但“穷”只是一个相对概念）获得了很多灵感，它们一般是发展中国家较为发达的地区。我来举两个例子：一个发生在巴西相当富裕的地区科布拉索（Kobrasol），另一个发生在蒙古首都乌兰巴托。

我曾在科布拉索见过一个自助照相亭，看起来很像伦敦、东京或者巴黎街头都能看到的那种，唯一不同的是照相亭里面没有照相机。一个没有照相机的照相亭，这听起来自相矛盾，事实上却与当地资源有限的真实情况相当吻合。科布拉索街头的照相亭提供的主要服务是充当标准身份证件照的背景，而拍照与冲洗的服务则由位于照相亭附近的照相馆来完成。

在乌兰巴托，我曾发现过一种移动电话亭，电话亭里安装的是笨重的台式电话，而台式电话用的是移动电池和内置的SIM卡，并非连接在固定电线上。电话被电话亭的接线员抬着，还会随着客人的走动变换位置。那看上去就像一出优美的现代舞，客人移动的同时还会受到电话线的束缚。台式电话的出现有其特定的时间因素，而现在大部分人都拥有了自己的手机。移动电话亭的存在，反映出即使在那些急切需要该服务的地区，细微的差异仍然存在。在冬天，没有人愿意站在乌兰巴托街头打上一通电话。人们更愿意待在温暖的室内与他人通话，或者在周五晚上去邻居家串门的时候边走边打电话。

尽管大街是收集线索和捕捉信息的最佳场所，我们在调研过程中还是会用到各种各样的技巧来补充其他信息。其中最简单的技巧就是系统地观察人们在家中对某件物品的使用情况，思考他们特殊行为方式背后的原因。几乎在所有的研究中，我们都要花大量的时间到人们家中访问，因为家里是他们最可能展现真实状态的地方。还有一个方法是分析消费者实际使用的数据。

在更正式的实验情境下，我们有时候还会请参与者去掉某个产品或服务的次要价值，得出它们存在的主要原因。我们会给参与者一张白纸，任由他们写下所需产品的特征，并且保证预算在实现 50% 普通特性之后，余下部分可以用来满足他们所需要的任何特征。

这个决定的过程会迫使参与者思考他们最看重哪些特征，以及他们选择的特征之间会不会存在相互干扰的问题。这些与一张按重要性排列的表格相比，将为调研小组提供更多有关消费者偏好的信息。当然，每个步骤都伴随着一些风险，比如有些人对为什么这个比那个好表达得更清楚，而另外一些人想要表达的是更具前瞻性的需求。不管怎样，一个有经验的调研小组知道如何处理遇到的各种问题，最终从每次交流中找到最有价值的信息和灵感。

回到办公室后，我们还能用其他更系统的方式重新构想某项服务的功能。众多的刺激因素会引导调研小组朝不同的方向前进，它们通常都可以用不同的角度呈现。例如一个银行设计项目可能涉及安全性、便利程度，或者对银行客户而言什么才是优质的服务，抑或它们提供的技术设备外观如何等因素。为什么人们选择这样做某件事而不是那样做，这其中的原因一般可以从性格推断出来，或者从特定性格、典型人物和符合特定细分市场的目标消费者中找到。充分吸收丰富的第一手数据，类似买汽油、打电话，甚至是泡一杯茶的过程都可以被一步步拆解重组。我们可以引入各种框架，如阈值图，将调研中的发现以及成员认为重要的元素放入其中。

心理学家爱德华·德博诺（Edward de Bono）发明的“思维训练法”是我们研讨会上常见的活动。小组成员和客户会被集中在一间屋子里进行头脑风暴，借此让组员打破思维定式，逼迫他们从完全不相关的事物中找到共同点。比如说，我们面对的可能是如何将一家商业银行提供的服务与一只玩具熊猫联系在一起。

首先，我们可以列出玩具熊猫所具备的全部特征，例如它的颜色、材质、文化隐喻、质量和一些稍微偏离熊猫本身的主题，诸如濒危物种、人工授精和世界野生动物基金会（其标志图案就是一只大熊猫）。接下来我们会列举商业银行的特性，然后进行头脑风暴，想办法将两者的特性结合起来。一开始讨论的可能是大熊猫的形象，后期会逐渐变成如何找出银行具有的相当于人工授精的特性。

对大多数人而言，以挖掘本质为目的的头脑风暴非常困难，除非他们能跳出原有预设的限制。它是一个拆解和重组的过程，可以引导我们想到一些有趣、疯狂，而且极可能行不通的点子；另一方面又可能发现一些看似是常识，却能使你偏离正确方向的观点，你会想：为什么我不可以那样做？相比其他想法，这些见解更有助于你抓住本质。

让一位穿着印有熊猫图案外套的工作人员在银行门口招呼客人，这是一个引人注目但不合情理的点子。然而，要是银行为客户提供一个工具，能随时随地保证他们资金的安全，那种感觉就像一个孩子抱着熊猫绒毛玩具，非常安心愉快。这种级别的可爱可能已经符合了你对银行服务的期待，但是在日本和韩国，这还远远不够。

一个汽油桶就是一座加油站?

请把自己想象成是第一次到地球的外星人，恰巧遇到了一场正在进行的足球比赛，你会怎么向你的外星同胞描述它呢？你很可能将整个场景描述为 22 个人在一块草坪上追赶一个充气的猪膀胱。

这样做的意义不只是为了表明当一个事物抽象到一定程度之后，它可以被曲解得面目全非，还想要说明从那个抽象中可以抽离出某类观点和假设。如果 22 个人满场追的是一个猪膀胱，那他们的主要目标可能是将它踢进网；也可以是把它抓住再弄破；或者目标还可能是惹恼第 23 个人——那个外形奇特、一身黑衣、口含哨子的家伙，让人痛苦的刺耳哨声更加突显了其身份；抑或是在一个园艺被提升到信仰高度的社会里，一群穿着特制靴子的奴隶在疏松泥土。

作为一种设计训练，将多余的部分剔除到只剩下核心，这个过程本身就具有非凡的意义。最终呈现出的那部分有可能释放出让人惊艳的优雅，为消费者提供独一无二的价值。但是对核心部分更深入的了解发生在重组的过程中，尤其是当你思考如果在核心部分中加入一点元素就能彻底改变整个产品和服务的时候。

如果加油站的本质不是一个用砖头压着的汽油瓶，而是我们习以为常的元素中那些次要的部分，情况会怎样？假设你是一个正在检测加油站的外星人，这是你第一次看见这种基础设施。人们把车开进加油站，走进便利店，选几件商品，排队付款的时候做出“冲动购买”(Impulse Buy，即非计划购买，是指顾客在超市所购买的商品是来超市之前根本没有预定或意识到的商品。——译者注）的举动，多拿了几条巧克力。那么你对这一整个过程的预设会不会是加油站的存在就是为了激发人们冲动购买的行为呢？

假设真的如你所想，那么加油站应该建成什么样？有可能是排队加油的车辆会由专人精心安排，保证每个顾客都有充足的等待时间；在购物时他们都被排队区伸手可得的各种诱人商品包围着；排队时间不能过长，否则顾客会感到茫然，然后一走了之；汽油只是促进消费的诱饵，每加一升汽油，就送电视机或者豪华旅游的折扣券。

如果加油站的核心功能是撮合异性消费者，那么加油机前面的大片空地将被设计成有利于顾客互动的场地，双方可以清楚地打量对方，以及对方的车子。加油过程中的等待时间可以设计得足够长，长到需要相互攀谈，但又不至于发展成一次失败的交流。服务人员会提供多项服务，例如清洗挡风玻璃、检查油箱和润滑油液位、给轮胎充气，以及为客人送饮料和零食等。过程的最后还要安排一个自然的结尾，帮助消费者过渡到更亲密的阶段。到那时消费者之间互相送汽油可能会像送巧克力和钻石那样，被视为表达喜欢的普遍标志。

如果创办加油站的理念是要做一家 24 小时特色餐饮店呢？或者是镇上最好的公共浴池？甚至一些与当下风马牛不相及的定位，比如美术馆或游乐园？

这些练习的意义不是尽量多提各种稀奇古怪的想法，也不是忽略那些最可笑的细节，聚焦于最接近当前本质的因素，而是理解每一层不必要的设计如何改变了人们的整个体验。对那些路过加油站，需要用一下洗手间的人而言，一瓶被砖头压着的汽油并不能满足他们的需求；如果加油站的设计完全颠覆了顾客的想象，他也可能被吸引过去，进行一次冲动消费，或者接受一次相亲服务。

这样做还有一个意义，就是让我们在新技术或新标准下重新思考产品的核心价值。在 20 世纪末 21 世纪初的美国，汽油作为一个利基产品（Niche Product，是指该产品表现出来的许多独特利益有别于其他产品，同时也能得到消费者的认同。——译者注）开始在药店销售。目标顾客是少数非常有钱的人，他们拥有自己的汽车甚至还雇得起司机保养。随着越来越多的美国中产阶级拥有了自己的汽车，汽车服务点也如雨后春笋般遍布全国各地，提供加油、检查油箱和润滑油液位、充气及机械维修等各项服务。在这里，“服务”是其中最重要的一点，是所有体验的核心。

德士古公司（Texaco）等大型连锁服务商大肆宣扬的都是服务人员的周到热情，以及免费提供的地图册。地图册作为其品牌承诺的一部分，实现了他们“帮助驾驶者到达任何他们想去的地方”的目标。

当汽车的质量变得越来越可靠，所需的定期保养越来越少，而新技术又支持自动加油与电子付款业务时，加油站的本质才从服务转移到了加油环节。这里的加油指的不仅是为汽车加油，还包括为司机“加油”，加油站里的便利店提供各种零食、饮料，甚至还有休息室。

尽管“服务模式”和“休息站模式”所具备的功能要远远大于一个砖头压着的汽油瓶，但它们在各自的环境中都可以被视为加油站的基本形态。因为它们提供的额外服务已经成了必不可少的业务项目。而在局部地方所谓必要的东西，并不适用于全世界。

举例来说，日本政府曾在1998年解除了对汽油的管制，从而使自助式加油成为可能。可是许多司机仍不愿意放弃过去的全套服务，拒绝改变，或者他们会带着极大的恐惧进行自助加油。这一转变发生后不久，一位自己照顾两个孩子的日本妇女告诉《洛杉矶时报》（*Los Angeles Times*）的记者："我很害怕由于自助加油的疏忽，导致加油站起火。"当时加油站的员工正在教她和其他司机怎样操作自助加油设备。即使在管制解除的10年后，日本也只有16%的加油站是自助式的。日本汽车联盟（Japan Automobile Federation）仍然不断收到司机的求助，请求解救他们因为加错油而出故障的汽车。

在美国，休息站模式的加油站近年来在运营上遇到了困境。自1991年以来，美国全境共有约20万家加油站，其中超过5万家已经关门。据全美便利店协会（National Association of Convenience Stores）表示，仅靠销售汽油的收入，加油站的经营很难继续，售卖零食和饮料已经成为一项不可或缺的收入来源。华盛顿特区有一家相当著名的加油站，它的所有者曾用过一招出其不意的营销策略——抬高油价。有时候这家加油站每加仑（约为3.785升）汽油的价格要比街对面的加油站贵1美元。他们为什么要那样做呢？美国石油商人协会（Petroleum Marketers Association of America）主席丹·吉利根（Dan Gilligan）这样告诉《华盛顿邮报》（*Washington Post*）的记者："因为他们真正想卖的根本不是汽油。"

只要人们还开着汽车满街跑，那中途喘口气喝点东西的需求就会一直存在。但是从长远来看，中途休息还会是加油补给过程中的核心功能吗？又或者将来越来越多的汽车只用电池，不用汽油了呢？

现在看来，公共充电站模式具有很大的优势。商家将充电器放置在停车场附近，相比休息站式的加油站，公共充电站的形式与用砖头压着的汽油瓶更接近。充电站并不需要大型的地下储存罐和油泵，一个最小的充电站的占地面积只需要不到 1 平方米，大小与公用电话亭差不多。因此相比在指定路口设置加油站，充电站更便于在城市中大量分布。更常见的是更集中化的充电站，它提供的电池替换服务比花 20 ~ 30 分钟充电更节约时间。但是它需要更多的基础设施来储存电池并充电。在哈德逊河谷的纽约大瀑布，人们将进行一项改造计划，整修废弃的加油站，将它改建成充电站、瑜伽培训和健康中心。或许有一天，加油站会步固定电话亭的后尘。

当人们驾驶电动汽车出行时，吃饭和购物就可以与为汽车充电同时进行。然而汽车在高速公路上如果需要充电该怎么办？一间在空旷马路上的充电站，它的本质又是什么呢？店主需不需要建立体验馆，或者小型的主题公园和电子游乐场，让等待充电的客人保持愉快的心情？关于店主能做什么，存在着无数种可能，然而机会只有一个，那就是找出顾客不可或缺的需求。

网银为什么不能“杀死”实体银行

如果您愿意并且能够看到这本书，那我斗胆猜测你至少有一个银行账户，更有可能不止一个。从借记卡到 ATM 机，从支票到手机银行，五花八门的方式可以让你随时使用账户里的钱。当大部分人都能够获得这种水平的服务后，就不会花太多的时间想自己到底喜不喜欢，或者只会花相对较少的时间思考银行提供给他们的到底是什么。

银行的核心职能是保证储户账户内资金的安全和不限制储户转账的地点。你或者你家人的钱都不翼而飞了，这毋庸置疑是性命攸关的大事，但是往往这种危机感只有那些没办法获得上述基本服务的人才能感受到。

这正是在金融服务和银行业的客户们喜欢探知的概念：银行到底

是什么？它的职能是什么？可惜他们通常缺乏重置假设的能力，无法建立崭新的、能够传递核心价值的驱动力，激励人们将钱存进银行。

对许多生活在发达国家的人而言，银行体系与他们的生活和社会文化已经紧密地交织在一起，因此他们很难理解银行稀缺的痛苦和其中的真实含义。这也让我们的研究难以在熟悉的环境中进行，因为我们不可能以极不道德的方式剥夺人们的权利，强迫他们在没有金融服务的环境下生存。显然，我们不得不到那些对“取钱”的定义就是从床垫底下翻出一沓钞票的地区调研。

发达国家和发展中国家在金融服务渠道上的差距相当惊人。世界上大约有49%的家庭拥有存款账户，其中日本几乎每个家庭都有，而在阿富汗和刚果共和国，拥有账户的家庭不足1%。用户使用量正在逐步增长，但数量的增加并不总是伴随着显著的收益增长。

比如说，2008～2009年，非洲中东部国家布隆迪共和国（The Republic of Burundi）全国范围内的ATM取款机的数量翻了一倍，从两个增长到了四个。在这里，我们将ATM的使用率作为相对更正式的银行服务的评判指标。但对比加拿大，ATM的人均最高使用率是每458个成年人1台。

一遇到钱的问题，全世界人民无论国籍都被同样的基本动力驱使。不同点在于，如果在加拿大你随便问一个人，为什么他要把钱存进银行，他的回答很可能是：“因为钱就应该待在银行里。”而当你问一个没有账户的布隆迪人，为什么他把钱缝在外套的内衬里，他的答案更像是在告诉你银行的本质：“因为在用之前，我希望保证钱的安全。”

回到40年前，如果你问一个美国人或英国人一家典型的银行应该是什么样，你听到的答案会是：大理石地板、30英尺高的天花板、天鹅绒线绳分隔的队伍，以及柜台后面正襟危坐的出纳员和有权力进出金库的、西装革履的大人物。

时至今日，银行大楼已没有昔日的风光，在大部分客户心里，银行这一概念让人联想到的更多是 ATM 机、网上银行和普及率越来越高的手机银行。然而这些设备和软件中没有一个属于银行业务的核心。银行的核心一直以来都是安全性和使用权，所有的基础设施都只是外壳。我们对设施的取舍与在其他领域所见的技术取舍并无二致：每个人都是寄居蟹，无论住在哪里，做些什么，我们必然要从一个壳迁到另一个更能满足自己需求的壳里。

正如我们在第 4 章中学到的，安全性和使用权对不同的人有着不同的意义。对那些非得见到实物才安心的人，永远需要某种形式的保险箱，无论是金库还是床垫。而对那些相信数字的人，屏幕上其名下账户中的一长串数字，就足够让他感觉真的拥有那么多钱。银行可以为自己搭建各种形式的“外壳”，只是它必须一直尽忠职守地捍卫着其核心价值：安全性和使用权。

然而在一些实例中，银行连“外壳”都没有，至少没有实体的壳。拿手机转账服务来说，前文提到的肯尼亚的 M-Pesa 服务全部依赖于移动通信网络和人际网。有了 M-Pesa，消费者就能用手机注册一个账户，再通过代理商存取现金。这与我们在前言中提到的乌干达人的例子如出一辙，他们先购买通话时间，再兑换成现金。

易汇宝（Simple）是一项基于传统银行的在线理财服务，它允许客户用智能手机存钱，然后通过 ATM 机、支票和转账等形式取钱。正如其网站标语宣称的“易汇宝不是一家银行，但它会取代你的银行”一样，它并不需要办公室、金库、出纳人员和柜台，只要有一个联邦存款保险担保的账户就能搞定。甚至早在易汇宝开放注册之前，就已有超过 10 万名潜在客户排队等着开通服务了。

> 易汇宝受到如此追捧的原因，是它利用当今主流的技术手段和相关费用的逐渐透明化，满足了人们对个人财产的最基本需求。

去除银行的基础建设，直接获得安全性和使用权的本质功能这一想法就是那个锥形原点，它开启了银行发展的各种可能性，同时也是一个绝佳的关于前端、终端以及交易过程中可能涉及的其他环节的思维练习。假如我们可以在任何形式的网点接受银行服务，除了 ATM 机和 POS 机，我们为什么不能把银行账户和公交验票器相连？为什么不能建议城市中的每一台自动贩卖机都能提供账户查询服务，就像东京的自动贩卖机都有余额查询功能一样？为什么不能让每一个销售点都成为打印机，不仅能打印收据，还有用户想要的各种票据？

以东京交通系统为例，将任意一张卡放在充值机上，它都能打印出有关该卡的使用日期、时间和地点等信息。或者为什么不能让每一个销售终端都成为 ATM 机？让每一部手机都成为 POS 机？为了能让旁边的陌生人帮你付款，手机应该具备哪些功能？

本质≠核心价值：避免精简过度

在面对如何找到产品或服务的本质以及发现新的可能性等实际难题时，新兴公司具备先天优势。毕竟没人会理所应当地想到要拆除当地加油站的油泵、油罐和便利店，再用一个砖头压着的汽油瓶替换这一切。现有基础设施的沉没成本（Sunk Cost，已经付出且不可收回的成本。——译者注）会极大地缩小可能性，也有可能减少机会，尤其是在消费者比企业更早准备好搬去“新壳”的时候。

新兴公司还拥有丰富的想象力，尤其是那些技术乐观主义者，他们能从当今前沿领域中看到更远的未来。世上从来不缺梦想家，不缺想要创造全新自治城市、像拥护“海上家园”理念的自由主义者那样在公海上漂泊的人，这些人在思想（或金钱）上不受现有政府的干预。

但是，也有众多新手惨败的故事让人警醒。他们试图抓住某件事物的绝对纯粹本质，不料去除得过多，错过了核心价值。现在让我们再回过头来分析，印度塔塔集团推出的 Nano 汽车，公司曾喊出“要开发世界上最便宜的汽车以大幅提高汽车产量”的豪言壮语。而 Nano 汽车的制造商没有意识到的是，汽车的本质不只是四个轮胎和一台引擎，还包括作为一辆汽车拥有者所彰显的社会地位，而 Nano 汽车彰显的却是作为世界上最便宜汽车拥有者的耻辱。

另一方面，那些已经进入发展期的企业，虽然缺少新兴企业固有的众多可能性，却具备不低估价值的经验优势。过去的成功尽管不能证明未来的结果，但通常情况下仍然具有一定的参考价值，能帮助人们找到隐藏在大量特征、工具和设施之下符合逻辑的本质。一家不单具备加油功能的加油站，其存在并没有错，可是为了了解那些附加功能的价值，找出删减或增加某一元素所带来的机会，从中可以观察其消失到底是增加了消费者的青睐程度还是毫无效果。

如果简单与理智类似，那寻找本质的过程就是从现实出发的检验，而不是一次不加选择的洗脑。

第8章 性价比的最后权衡

低收入消费者出于生活必需，一直被逼着作出更理性的选择，他们堪称世界上最挑剔的消费群体之一。面对那些喜欢吹毛求疵的消费者，产品设计师是否应该迎合他们的需求，开发针对性产品？

选择正确的那扇门，走进你该进的厕所。这是无数人每天都要面对，却又被完全低估的难题。选择正确，就能及时解手；选择错误，将感到些许尴尬和不悦，还有可能被异性大声指责。它考验我们对常识的运用，对一系列视觉、听觉、触觉和嗅觉线索的观察和处理，最终将这些信息转化为至关重要的决定。每个人几乎都具备作出正确选择的能力。

当一个产品设计师在考虑用户体验的时候，可能不会立即想到公共厕所。可实际上，它具有极大的参考价值，蕴藏着一股力量。各行各业的设计师和革新者运用那股力量，改变着人们日常生活的基调，让人们的生活更舒适便捷，也有可能是烦恼尴尬。

公共厕所提供的服务是无价的。它遍布全球，供男女老少、各民族各阶层的人使用。对一些人而言，公共厕所是最后的一片安身之所；对另一些人来说，它是除了随地大小便之外的不二选择。每个人时不时都要去一次，当你朝两扇门走去时，迎接你的是大舒一口气还是羞愧难当，这一线之差全在于区分男厕与女厕的标志。

傍晚时分，站在印度班加罗尔历史悠久的城市市场（City Market）的厕所前，你所有的感官都将被摧毁。厕所旁边堆放着烈日暴晒后腐烂的蔬菜和花果，里面则是成百上千人的排泄物，你闻到的就是它们混合在一起的刺鼻臭味，而且主要是从男厕所那边散发出来的。即使你从来没有到过那里，那股溢出来的气味，也足以让你明白那里就是公厕。

正如你所预料的，里面还有其他线索证明这就是厕所：每扇门的右边用英文写着“男士和女士”，左边用印度语写着相应的文字。在每扇门的字样旁边，你还能看到大大的图片，上面画着穿蓝色衬衫的大胡子男士，以及身着纱丽的女士。

我还在其他地方体验到了一生难忘的经历：与女士面对面使用公共厕所，男士与女士从相邻的两个厕所隔间里进进出出。总之它是一个丰富的环境，环境中的每个细节之间相互影响，我们可能因此陷入各种困境，当那些常见的环境细节通通消失后，我们就没办法判断是男厕还是女厕。

几年前，我曾在伊朗德黑兰附近的一个卡车停靠站待过几个小时。当时我的司机下车去喝茶，那是一种喝到最后糖比水还多的茶。我打算下车找个厕所，更确切地说是找男厕所。但两扇厕所门上除了两行字之外没有其他颜色或图案标示。两扇门里面散发出的消毒水气味也差不多浓，我甚至探头进去看了一下，也没发现什么区别。两间厕所里都有同样的洗手池，一瓶鲜花，一排蓝色小门的隔间。我想看看哪一间里面有小便池，但发现两间都没有，因为伊朗政府规定必须使用蹲式厕所以保持卫生，所以我连最后一个线索也没有了。最后我只好用掷硬币的方法决定进哪边的厕所，然而上完厕所出来的时候，我看见一位矮胖的男士正从另外一扇门里走出来。

即使正确的概率有 50%，但我还是猜错了。其实只需要在门上标有区分性别的图片，或者考虑到社会规范中对描绘女性形象的避讳，只放男性图片，这一切的猜测都可以被轻松解决。设计厕所门的挑战相对而言还算比较小的，绝大多数产品和服务中涉及的操作，不仅仅是选择进哪扇门那么简单。想一想你在网上购物、订飞机票、打印照片或者设置纤维衣物清洗程序时需要多少步骤，或者计算一下仅设计本身提供给你的选择有几种，这里还不包括外界环境的影响。

我们花了大量的时间和精力去思考哪类人更想要使用或消费某种特定产品或服务，以及他们想要（或者不想）从使用过程中获得什么。类似笔记本电脑和手机之类的电子产品，完全可以制造得坚不可摧，但是额外的加固材料使得成本增加。

如果相比竞争产品其售价更高，那么消费者就不得不在耐用性与价格之间权衡，而消费者面临的每一次权衡，也是设计师、制造商和营销人员需要面对的难题。如果是很快就会被淘汰，或者消费者用几次就打算扔掉的产品，那么可能在耐用性上投入设计资源将是一大败笔。我们大可以利用这些资源来提高产品的其他性能，例如提高屏幕分辨率，减轻产品重量，或者直接把价格定在能让更多消费者接受的区间。

2011 年，苹果公司的 iPhone 手机全年销量为 7 200 万台。在一个产品的销量动辄上千万的时代，我们怎么才能知道什么时候该设计适合所有人的产品？什么时候只需设计部分人喜欢的产品？什么时候该设计一种只有几个人会喜欢的产品？此外，我们要如何处理以牺牲某类人为代价，迎合另外一类人而衍生出的道德问题呢？

举例来说，手机制造商应该开发一款文盲专用的手机吗？这里提出了一个假设，强调了“应不应该”和“专用”的问题。我在 2005 年为诺基亚公司作设计调研时，遇到过一个真实的案例。诺基亚发现一些文盲也开始使用他们的手机后感到非常疑惑，因为通常被定义为文盲的人（1958 年，联合国教科文组织对非文盲的最早定义是：具备日常读写能力，并且能够在文本环境下使用它的人。——译者注），不具备使用手机的能力。

当时，诺基亚的手机年销量超过 2.5 亿台，世界上每 3 部手机中就有一部是诺基亚。手机的操作面板都被设计成字母数字界面，适合有读写能力的人使用，但是使用者中也有许多人并不具备读写能力，这导致了一种次优的用户体验。而他们使用的手机大多以型号为诺基亚 3100 的手机为代表，它只是一款设计呆板、功能简单的黑白屏手机。几年前，行业中就有人预言，随着发达市场的用户都转而使用彩屏和附带其他功能的手机，黑白屏的手机很快就会消失。可是诺基亚 3100 却成了公司的热销产品，诺基亚以一个新兴市场中大多数人都消费得起的价格，提供了具备相应功能的产品。

诺基亚公司占领了整个入门级手机市场，不仅是因为他们提供了正确的产品，还有赖于早期投入大量资金建立了强大的销售网。在印度，70% 的人口都分布在市中心以外的地区。你几乎可以在任何一个小村庄里看到有人在卖诺基亚，手机就摆放在装大米和豆类的麻布袋上销售。在那几年里，诺基亚大获成功，用户使用手机的方式远远超出了产品设计师最初的设想，销售渠道也让产品深入千家万户，最终结果就是诺基亚占领了经济金字塔底层的消费市场，这恰恰是大多数科技公司尚未涉足的领域。

在这个消费市场里，文盲占了相当大的比例，但令我们惊讶的是，读写能力的欠缺并没有限制这些人购买或使用诺基亚的手机。

当次优等于最优：跳脱“解决心态”的束缚

文盲现象是一个充满挑战和诱惑的谜。有些企业和个人将它视为一种有待消除的疾病，然而它又是所有人出生时的状态。由于身体原因，有些人还将一直持续这种状态。关于文盲的定义，以及一个文盲或者非文盲意味着什么，这些议题对人与日常生活用品之间的关系有着深刻而根本的影响。

尽管对非文盲的定义五花八门，但最普遍的一种是非文盲一定要识字，即拥有读写的能力。正如其他技能那样，识字也有程度的划分，从完全不识字到文化素养极高依次递增。识字的好处是人们可以识别各种标志，或者操作手机。退一步讲，非文盲也可以被定义为：具有从符号或象征性刺激中领会含义的能力，而字母和文字都属于符号。

识字和算术能力在信息化的社会中极其重要，因此它们也是学校的主要课程。另外，人们在非系统的学习以及生活经验中也发展了其他形式的能力，例如从事物的外表获知含义的视觉能力，从事物和人的行为中了解意义的观察能力，在接触事物的过程中感知事物的能力，以及通过声音来作出判断的听觉能力。我们在特定的环境中会有怎样的表现，通常取决于我们综合运用了哪些技能。

文盲可以说是人类的一种基本状态，每个人或多或少都有一些别人知道而自己不知道的知识，而知识的欠缺会导致我们在没有其他人协助的情况下无法完成相关任务。没有人是无所不知的，因此从某种意义上讲，每个人都是文盲。

另外，非文盲偶尔也有脑子短路的时候，也会表现得像文盲一样。当我们因为过度疲劳或者其他各种原因而无法正常思考的时候，也可能失去基本的判断能力。因此，一个边玩手机边过马路的人就有着绝对的视力缺陷，他要么看着手机屏，要么盯着过往车辆，两者中必有一个是他的盲点。每个人都有一些盲点，所以我们有时候也是聋子、残疾或者文盲。尤其在跨文化理解方面，我们表现得很低能，其中最显而易见的原因是语言障碍，除此之外还有文化差异的影响。

然而，人们可以通过各种手段弥补认知能力上的差距。我们将这种不涉及实际学习的手段称为“近似认知能力”，即向比自己更有认知能力的人求助。许多人将它视为一种依赖，但从另一种角度来看，近似认知能力是人们把某个任务托付给更有能力的亲朋好友，甚至陌生人的理由。所以那些最贫困的社会成员应用的策略与最富有的人一样，都是授权。

想象一下，一位不识字的农民想要给城里的亲家发一条短信，大概内容是确定双方子女婚礼举办的时间和嫁妆。就算农民靠着死记硬背学会了编辑和发送短信的步骤，他也很难自己编辑那条短信的内容，除非他具备基本的识字能力，以及将单词组织成能让收件人明白的句子所需要的语法知识。即使短信被发送了，对方也不一定能收到或者看懂。

在这样的背景下，寻求帮助变得合情合理。这位农民可能不识字，但是在他认识的人中至少有几个识字的。在他需要帮助的时候，这些人可能不会随叫随到，所以短信可能要等上几个小时或几天才能发出。还有可能这位农民不想要太多人知道短信的内容，他需要花更多的时间找一个既信得过又能够帮到他的合适人选。在文盲率较高的地区，人们更需要这类帮助，近似认知能力也更容易被接受。

诺基亚公司对文盲和手机使用情况的研究具有相当深远的意义，关于近似认知能力的调查表明，必须重新制订针对文盲用户的手机设计方案，需要把他们的这种近似认知能力考虑在内。简而言之，哪些操作是用户力所能及的，哪些则需要求助于他人？为了实现目的，他们是如何决定采取哪种手段的？如果某位用户想做的不过是接听电话，那他需要学习的所有操作只是保持手机有电和话费充足，以及在电话响起时按对接听键。如果他想要打电话，显然要学会打开通讯录等相关的基础步骤，包括输入错误信息后如何返回，以及如何翻查和键入正确的号码。有时用户只需对照着写有号码的笔记本，把数字一个个输入手机就行了。

研究还得出一项惊人的发现，许多能识别某种语言的消费者，却在使用并不支持该语种操作的手机，即使市场上有支持他们语言的设备时也是如此。也就是说一个只懂得印度语的印度人，却偏偏要去使用操作语言是英语的手机。要想理解其中的含义，就要思考一下如果是你会如何选择，是选一台昂贵的、令人羡慕的，但操作界面不支持印度语的手机；还是选择没那么令人满意，但操作界面更容易理解的印度语手机？在有些情况下，你当然会选择更好用的手机，可在另外一些时候，那些象征尊贵身份的符号能为你带来更多的社会资本。

研究得出的结论是：继续销售市场上已有型号的手机，只需在手机界面上进行细微但重要的调整即可，不用为了满足某一细分市场消费者的特殊需求而开发一款全新的手机。而我们之前假定的那些会阻碍文盲用户使用手机的各种障碍，完全可以被克服，只要他们能够向熟人或偶遇的路人求助。虽然需要别人的帮助，但他们更愿意使用现有的手机。

还有许多其他原因说明，在当时开发一款给文盲专用的手机并不合适。购买一款被认为是专为弱势群体设计的产品，带来的社会耻辱感将抑制产品的销量。日本最大的移动运营商 DoCoMo 为老年用户设计了一款名为 Raku-Raku 的智能手机。他们推出的第一批产品有着高度简化的界面、大按键、大号字体，还支持物理地址簿，但在市场上的反响平平。直到公司将它的外观设计成与市面上其他手机类似的款式，它们才开始热销。

文盲用户想要拥有与其他人一样的设备，因为他们想要获得同等对待。况且，与设计和测试一款新产品，将它投放到供应链中，以及向销售人员和营销人员宣讲的成本相比，再多卖几亿部市场上已有的产品要划算得多，而且产品售价也能控制在消费者可接受的范围内。一款优化的产品并不一定像我们预想的那样，能为消费者的生活带来切实改变。

尽管这一结果让纯粹主义者和理论家无法释怀，他们相信那样一款产品确实能够改变人们的生活，可真实情况却是一款理论上次优的产品已经足够好了。即使可以设计和制造出更优秀的产品，也应该从宏观角度考虑风险问题，例如更高的售价、更低的身份象征以及学习一款新产品带来的不便。

如今许多不识字的用户已经有了他们的第三、第四甚至是第五部手机，所以他们已经十分熟悉新的操作界面。同时制造成本也在显著下降，中国的华为公司正在针对新兴市场的高中低端收入的消费者大量生产触屏手机。触屏技术使得用户可以直接操作，而不用输入文本或者使用菜单导航，这样大大简化了文盲用户的操作难度。另外，手机中的语音识别技术也有了很大提高，能识别多种语言的非文本界面的诞生，增进了我们对着设备说话的亲切感，苹果公司开发的 Siri 甚至还能与我们对话。

现在看来，关于文盲的研究还让我们知道了时机的重要性，以及我们对消费者和他们生活的假设有着根深蒂固的缺陷。当时一个组织给出的假设是：不识字的人会想要购买专门为他们设计的手机。手机是有钱人才能使用的奢侈品，因此向消费能力在经济金字塔底层的人推销手机十分愚蠢，因为他们既买不起，买了也没多大用处。然而，数不胜数的低收入手机用户证明了这种假设多么愚蠢。

有些人会想，在手机兴起的早期，我们对那群位于经济金字塔底层的消费者的忽略算不算是一种道德缺失？或者如果我们没有经过初步评估，无论他们是想要还是需要，都为他们设计一款特制的手机，算不算另一种道德缺失？对于这两种情况，我给出的答案都是“不算”。

而最好的解决方案是，想办法了解终端消费者如何应对各自的难题，而不是自以为是地替他们解决问题。

想要设计最优产品，这个想法非常诱人，但是要想清楚产品对哪些人而言是最优的，以及为什么要做到最优？最优可以意味着更快、更便宜、更轻便、更好，以及更坚固等特性。对最优的理解不止一种，我们应该如何协调这些差异？最终的判定标准由谁来规定？

我们的观点天生就被各种中心论主导着，有的以自我为中心，有的以民族为中心，甚至有些以各种怪癖为中心。当我们要试图了解一个新的环境以及生活在其中的人时，跟不上节奏在所难免，尤其当这个环境的范围很大、人群很复杂时更是如此。

有些在发达国家被认为不是最优的产品，在发展中国家却可能成为最优产品，特别是涉及成本时，因为对于许多挣扎在温饱边缘的人而言，最优的标准就是低成本。吝啬似乎很讨厌，可它却是减少开支的好办法，例如在对方接电话之前把电话挂断，这样既起到了通知的效果，又可以避免支付电话费。

设计师是天生的问题解决者，而且常被“解决模式”的心态束缚。他们总是想让事物具有优良的品质，但是当他们不尊重已有的解决方案，尤其当这个方案经历了多种社会变迁时，这位设计师就可能被认为是个自大狂。

一个土方法有时可能就是最佳的解决方案，但并不总是可行，特别是当它需要面对复杂的供应链时。诸如手机和汽车那样的产品就不可能根据世界各个地区的情况，采取适合当地情况的设计和制造方式。**但即使是制造了全球知名产品的企业，也需要扪心自问在他们商品的分销地，本土化到底意味着什么。**不理解所导致的后果非常严重，与一些人道主义思想家的信念相反，为不理解所付出代价的并不是当地的消费者，而是企业本身。

消费者的“动物精神”

我不费吹灰之力就能找到有关全球化引起公愤的事例，例如星巴克用价格优势将你最喜欢的咖啡店赶出了社区，亚洲金融危机引发了印度尼西亚的暴乱，苹果公司为了保护他们的企业文化，限制世界各地的用户在苹果应用商店传播色情内容，可口可乐和百事可乐公司将商标涂在了偏僻的原始山脉上。

还有一些不惜一切代价获取利润的事例，诸如雀巢公司在奶粉市场上近乎侵略的销售方式，有可能抑制母亲们的哺乳；Facebook 和谷歌公司无休止地重新定义隐私权限，通过提供各种新的服务获取用户的私人信息并从中牟利；孟山都公司（Monsanto Company）对无菌种子的开发，迫使农民每年都要重复购买；爱立信公司向伊朗等国出售监控设备；联合利华公司的一款美白乳液广告中涉嫌种族歧视。毫无疑问，政府、企业、机构以及代理商需要受到监督，并承担相应的责任，此外，在许多市场中某些手握重权的行业参与者也应该受到遏制。

但是作为消费者、老板和员工的你，都与消费脱不了干系。我们消费什么样的产品，崇尚哪种生活方式，以及在一瞬间决定的产品使用方法都让我们成了商家的共犯；我们当然需要隐私，可是当有机会在照片中展示自己的身份和地位时，隐私的重要性就退居次席了；我们一方面越来越习惯接收免费推荐，另一方面又时不时抗议谷歌为了提高广告的针对性，而偷看我们的电邮；我们风尘仆仆地跑去山区静养，一听到手机铃响就破口大骂，但如果真的让我们放弃与外部世界的联系，却没有几个人能做到；我们抱怨全球变暖的同时，又乘坐飞机赶往另一个会议；我们认为功能更强大的电子产品物有所值，但是当它们由于低碳生产而提高价格时，又会本能地抵制。

我花了大量时间在世界各地演讲，其中有跨国企业也有学校。我一直感到很荣幸，有机会与世界各地有学识的人分享经验并交流学习。但是我也面临过一些尖锐的问题，提问者指责我的工作，同时也指责任何在发展中国家出现的企业都在给他们制造彻底的灾难。这一系列质疑通常来自一群怀着满腔热血的人，这些人往往以观察者自居，充满了对收入和资源受限国家的消费者的误解。虽然这些误解出自一片好意，但他们往往不能像看待自己那样看待贫困地区的消费者。他们的想法大致如下：

◎ 生活在社会收入底层的消费者不可能作出理性的或者正确的决定，他们需要受到保护，以免被试图引诱他们的企业蒙蔽；

◎ 由于家庭责任所迫，他们只能作理性的选择。例如花钱给生病的孩子治病是可以的，但是买电视机让他们看动画片就不行；

◎ 无论何时，消费者如果做了一个非理性的决定，那么错可能都在提供产品的公司；

◎ 那些针对低收入消费者生产产品的企业，天生就是恶魔。

每次面对这些问题时，我都会指出低收入消费者出于生活必需，堪称世界上最挑剔的消费群体之一。事实上只有少部分人享有不计较的特权，他们可以不精打细算地花钱，可以不去想买了这件就不能买另一件的机会成本，也不在乎为了生活必须建立和维护的人脉关系。与那些有钱人相比，低收入的消费者一直被逼着作出更理性的选择，因为他们每天的生活就是围绕着如何花好每一分钱，不要浪费每一分钱进行的。他们会想出富有创意的点子，应对他们有限的、不确定的收入和各种形式的风险。

很多这类利弊权衡的例子，你都可以在极具影响力的书籍《穷人的投资组合：世界上的穷人如何靠两美元度日》（*Portfolios of the Poor: How the World's Poor Live on $2 a Day*）中找到。作者在书中以一对孟加拉夫妇哈米德（Hamid）和哈德娅（Khadeja）为例，探讨了作为临时人力车夫的丈夫哈米德如何用每月 70 美元的收入养活一大家子人。在跟随哈米德和哈德娅生活近 1 年后，作者统计出了下表：

表 8.1　哈米德和哈德娅的年末资产负债表（2000 年 11 月）

资　产	174.80 美元	负　债	223.34 美元
小额储蓄账户	16.80 美元	小额贷款账户	153.34 美元
给资金保管人	8.00 美元	私人无息欠款	14.00 美元
预付工资	10.00 美元	为他人保管的钱	20.00 美元
家庭储蓄	2.00 美元	向一家店赊账	16.00 美元
人寿保险	76.00 美元	拖欠房租	10.00 美元
寄回老家的钱	30.00 美元		
借给他人的钱	40.00 美元		
手里的流动资金	2.00 美元		
		净资产	-48.54 美元

他们的总资产是 174.8 美元，其中小额储蓄账户里有 16.8 美元；存在资金保管人（也就是哈米德的老板）那里的钱是 8 美元；预付工资收到 10 美元；为了以防日常开销不足，家庭储蓄了两美元；买了一份 76 美元的储蓄型寿险保单；给老家寄了 30 美元；借给亲戚 40 美元；另外手头留有两美元。总负债是 223.34 美元，包括 153.34 美元的小额贷款；向亲戚、邻居借了 14 美元；帮住在隔壁的妇女保管 20 美元；欠一家店老板 16 美元；拖欠房租 10 美元。

除此之外，哈德娅还与其他 7 个家庭主妇共用一个简陋的厨房，平时相互借用大米、扁豆和盐等生活必需品。为了长远的美好生活，哈德娅和那些妇女手上都握有一张非正式的资产负债表。上述每一笔借贷款项，对他们夫妻俩都有或长或短的价值。虽然他们的净资产是负值，但债务总体上还在可控范围之内。那些认为穷人必须作理性选择的批评者们，似乎更重视正规学历和识字能力，轻视灵活的街头生存智慧，认为纯粹因自私而作出的决定比不上基于社会地位和社会关系所作的决定。

难道省下 3 个月工资和几顿饭钱买一部诺基亚手机就不理性吗？如果买它是为了做生意呢？或者拿它来玩游戏、与爱人聊天、浏览网站就是不理性吗？只花 1 个月的工资买个不知名品牌的手机就更理性？买一台 iPhone 需要多么理性？谁能最终定义理性和非理性？你最近一次购物的机会成本有多大？你买一部名牌手机与不知名厂家出产的便宜货之前会权衡哪些利弊？其中的机会成本由谁判定？

或者我们将这些问题放在创意行业来看，那些低收入的消费者就必须选择最原始的实用产品，而拒绝设计上更有美感的产品吗？换一个角度看，难道企业必须为满足那些讨厌美感的消费者服务吗？

在有些国家，人们更向往室内的白领工作，常把肤色白皙与不在户外从事体力劳动联系在一起，难道为此美白就是理性的吗？就算有些消费者的答案是肯定的，那当地可供选择的美白方法有哪些？它们都安全、可靠、有效吗？如果一家跨国公司利用消费者的美白心理，大力营销它的美白产品是否会涉嫌种族歧视？那如果是当地的一家公司做了同样的营销，结果会是怎样？如果当地公司不仅做了同样的营销，还做得更具异国风情呢？

大多数人都会意识到，上述问题远比批评者提出的问题复杂得多。而真正的关键是，你如何找到一个与人当面交流的方式，并且在得出结论之前，你对他们的日常工作就已经有了一定的了解。想要不只是停留在大标题和热门话题上，你还需要做些什么？

一些企业作为利益驱动的实体，会利用所在地区的所有资源，将经济效益放在其他一切目标之前。正如有些国家政府监管力度降至最低，而说客当道那样。但是假设所有企业都是如此，那就有点异想天开了。我的假设是，驱动力来自最根本的需求和有限的资源，同时世界上又存在一群最吹毛求疵的消费者。在商业上可行的产品和服务，并以消费者接受的价格满足消费者的预期，那么这已经算是一项了不起的成就了。尤其还要考虑到，市场上已经有千万种同类产品了。至于消费者的选择是否理性，我认为每个人的选择都与他人无关。

了解哪些因素会引起消费者的购买欲望，可以帮助你创造一款有意义的产品和服务，最终将有助于你创建一家可持续发展的企业。了解方法是多样的，既可以通过调研，也可以通过其他方法，或者仅仅是你自己的经验。只要一个资金有限的消费者，愿意从他微薄的工资中拿出一点钱来购买你的产品，那就是你获得的最高荣誉了。

穷人至少买得起那些设计不良的产品和服务，至少可以投资那些交付失败的股票，同样，他们也有权决定到底哪些产品和服务符合他们的需求。真正傲慢的人，是那些认为世界上的穷人根本不值得关注的人。

结　语

HIDDEN in PLAIN SIGHT
How to Create Extraordinary Products for Tomorrow's Customers

发现隐藏在众目睽睽之下的商机

最后，我想要总结一下你到底从这本书里学到了什么，以及现在应该用它们做些什么。这本书不是指导手册，我也不会把你们当成那种饭来张口的读者。我并不打算告诉你世界是个什么样子，只是想给你提供一种新的视角，帮助你更好地观察这个世界。充实你的人生，让你拥有观察事物的新视角，以及能不断提出更聪明的问题的能力，这才是本书的目的。

你可能还会好奇未来将如何发展，你又该做些什么。如果你能勇敢地走近世界，利用书中每一章提供的不同技巧观察事物，你将发现这个世界并不像之前那么模糊，各种微妙的细节会逐渐呈现在你眼前。

那么运用本书的方法，你将会有哪些发现？

首先，你会发现即使最简单的情景和互动都包含了丰富的信息和机会。你可能会注意到朋友起身离开一间咖啡馆的习惯性动作是什么，而这体现了他过去被绊倒的经历以及事后采取的自我保护措施。无论是在加油站、酒店还是咖啡馆，当你观察某项服务时，思考一下它的本质是什么，以及哪些附加功能起到了补充的作用，哪些给顾客带来了不美好的体验。

你可能会留意大众对一款新科技产品的使用情况，分辨哪些元素会让它成为主流产品，哪些会让它渐渐消失。你甚至还可以点一盘炸鸡，然后上下打量盘子里的鸡、餐馆的环境，以及餐馆想传递的文化，从所有这些信息中判断那盘鸡到底安不安全。

其次，你会发现这个世界上存在的问题比答案多。商场里那个女孩戴的牙套真能矫正她的牙齿吗？她的父母真的像你以为的那样富有吗？你朋友放在洗手间里的书是为了给自己看还是给你看？是谁授权把标语牌放在公园里？哪些人将从中获益？

最后，你会发现诸如与朋友、同事、陌生人以及顾客之间的互动，是可以被加密、解密以及分析的，其内在含义要远远大于表现出来的那一部分。你可能渐渐变得更加享受那种只可意会不可言传的感觉。当新的科技产品出现时，不管你是不是它的目标消费者，都会具备一种感知能力，知道它将提供哪些足以改变人们行为的长期利益，以及它终将消逝的创意价值。

你作任何决策时，无论是决定洗澡还是只洗把脸，爬楼梯还是坐电梯，当着他人的面打电话还是找个僻静的地方再打，其中都涉及一套精密的做与不做的规则。

通过所有那些微小的细节以及深入观察生活的技巧，你会找到各种方法，帮你更好地理解世界的运作。这些知识可能被你用到下一次的度假中，让你收获更多体验，感受到更深刻的当地文化，最终清楚自己回到家之后该怎样生活。

你还可以从那些资源有限的人想出的妙招中汲取灵感，或者利用那些新见解重新构想行业的发展前景，提供大量的想法解决你和消费者共同面临的挑战。

如果你仔细观察周围的环境和物品，就会发现，狂热购买的触发点就隐藏在众目睽睽之下。

附　录

设计调研的八大原则

1. 找到最佳的接触面

接触面指我们在调研过程中，接触到的所有人和环境的总和。包括调研的深度和广度、重要性（应该在哪些地点投入更多精力）、层次（即备份计划），以及结构（如道德感、专业精神、正式程度、紧迫感以及工作强度）。一个最佳的接触面将让我们轻而易举地收集到更多有用的数据，并巧妙地协调信息与灵感之间的碰撞，当事情不可避免地偏离原订计划时，我们也能灵活地处理各种意外。

2. 你们并不比当地的调研团队强

雇佣当地的团队，理想的状态是每一个核心成员都有一个当地的搭档。这将大大提高调研人员与当地人之间的互动，成倍地扩大调研范围。完美的当地搭档需要懂 2 ～ 3 种外语或方言，性格外向，喜欢交际，乐于向外来者分享信息，学习热情高。

3. 一切从你的住所开始

在符合调研要求的社区附近，你可以找一个家庭旅馆或者出租房，让临时住所有家的感觉，并且邀请当地团队过来小聚。尽可能利用各种正式或非正式的场所，从报告厅到早餐店，让所有成员聚在一起。

4. 采用多样化的招募策略

负责安排调研中最重要的一次活动：招募你们项目的志愿者。不要把这项工作交给猎头，除非这个项目的专业性非常强。利用好团队成员的人脉，例如当地成员的亲朋好友。在社交网站上发布招募的简略信息，寻找最符合要求的人，并借此机会让调研人员在到达当地之前，对当地环境有一个深入的了解。学习如何让第一次成功的招募像滚雪球一样带来更多的互动。

5. 将志愿者的安全放在第一位

将志愿者的安全放在每次互动的第一位，它为成员收集并积极地应用数据，让当地团队愿意把你介绍给他们的熟人，为生成最终的报告奠定坚实的基础。我们既然有将客户放在第一位的传统，那么通过把志愿者的安全放在首位，就相当于把客户的地位又提高了一级。

6. 让数据“呼吸”

将数据转变成知识的过程始于收集现场。

我们应该在数据还很新鲜的时候消化吸收它们。在每次活动之后，召集团队成员温习数据中的概要内容，至少每天进行一次。最理想的情况是在回到工作室之前，有一整天的时间可以与当地团队的成员聚在一起。机动的临时工作室可以为数据提供更多“呼吸”的空间，另外不要在不久前收集的数据中加入过多的新数据，那样会降低人们对以往数据的关注程度。会“呼吸”的工作室将有助于你更深入地理解数据，并且在你回到综合工作室之前，通过观察自然释放的数据，将它们转变成知识。

7. 常规不适用

每一个调研项目都是一次创新的机会，也是打破团队成员思维限制的方法。抓住每一次机会，证明常规方法不适用。无论是挑战团队的上下级关系，例如让最低级别的成员睡最好的房间，而你自己却蜷缩在地板上；还是让前来拜访的客户帮忙做事；抑或是彻底改变一下生活和工作的空间。

8. 留出时间来减压

完全投入式的调研会让人身心俱疲。与之前可能只是工作关系的人在一起生活十几天，同时还要处理新环境以及调研过程中发生的众多问题都需要时间来适应。至少在调研结束之前留出两天时间来让成员减压，最好选择在有纪念意义和有美食的地方。在那里成员们可以完全放松，畅谈这段时间的收获，做好重回平民生活的准备。

可能一年之后，仍然留存在大家记忆里的只有为了同一个目标聚在一起，以及行程结束时的畅谈这两个时间点。

动机矩阵（Motivation Matrix）

工具介绍

动机矩阵是一个有趣的调查工具，它通过假设每个角色的观点与利益来解决问题。动机矩阵的目的是理解服务系统中不同用户角色之间的联系。

正是由于动机的启发，每个角色都参与到服务系统中，明确他们所需要或期望的服务。

案例研究

电子邮件动机矩阵

开发人：弗朗索瓦·热古（François Jégou）、埃齐奥·曼齐尼（Ezio Manzini）和安娜·梅罗尼（Anna Meroni）

该案例取自 HISC（高度定制的解决方案）背景下的研究，该研究的目的是确定研究方法，从而支持和指导网络公司开发高度定制的解决方案。如案例中所示，设计师必须进行调研，并且让真实用户参与到方案中来，了解用户的预期利益，使不同用户之间相互作用从而发掘协同效应和潜在的冲突。

提供给……	有机食品经理和系统组织者	餐饮管理软件提供商	设备生产商	提供帮助者	服务管理者	解决方案中心	面向解决方案的伙伴关系
有机食品经理和系统组织者	寻找有机食品行业的新商机	利用有机食品市场的专业知识去测试软件的有效性	利用有机食品市场的专业知识去改善设备的效能	为顾客提供高品质的食品	给自动贩卖机提供新型的高品质方便食品和新型的服务概念	从有机食品部门获得专业知识和信息	有机品牌标识、具备有机供应管理的专业知识
餐饮管理软件提供商	一种提高有机食品供应真正价值的方式	进入非医疗市场、开启并鼓定对新领域的研究	为了满足特殊食品的需要而开发新设备并且为新设备制定新的标准和餐饮工具	更好地满足消费者需求的一种方式、与食品专家建立潜在的人际关系网	为服务组合增加价值	具备餐饮行业的专业知识	通过专业的软件提供建议和餐饮管理的指导
设备生产商	在食品加工方面具有竞争力	在食品加工方面具有竞争力、软件与硬件设备相结合	寻找适合先进食品设备的应用程序、进入服务维度	为消费者提供一款专用的设备	一套灵敏的自动售卖机系统	大型家用电器行业的专业知识和产品	食品加工方面的智能设备、品牌标识
提供帮助者	具备某一敏感行业的专业知识、从进入食品语境的简化通道中得到反馈并且对其输入信息	具备某一敏感行业的专业知识、一个新的商业领域	获得生理和认知上的反馈，以便更好地设计新设备的接口	完成现有的服务供应、更好地满足顾客的需求		具有在特殊语境中帮助人们的专业知识	社会维度、进入一个特殊的语境
服务管理者	具备某一特殊市场的专业知识、具备服务管理的专业知识	获得终端用户的反馈、统计学的数据库	获得终端用户的反馈、输入信息从而让服务与设备的设计相结合		扩大服务组合给新的语境提供产品和服务	具备自动售卖机行业的专业知识和企业家的能力	具备特殊语境下的服务管理能力
解决方案中心	设计和发展理念的催化剂、管理伙伴关系	促进进入新的商业领域、支持设计和理念的发展	促进进入新的商业领域、支持设计和理念的发展	促进进入新的商业领域、支持与客户一起测试有关解决方案的想法	促进进入新的商业领域	开发解决方案设计方面的专业知识、获得作为解决方案专家所具有的识别度	具备促进和管理以伙伴关系为基础的解决方案所需的工具和专业知识
面向解决方案的伙伴关系	扩大商业和新市场的机遇、成为食品解决方案的提供者	能被终端用户识别和认出、获得新客户的反馈	新的销售渠道、具备服务的专业知识	利用新的服务理念拉拢新客户	利用新的服务理念接触新的潜在商业语境	有机会测试方法论工具箱、具备食品行业的专业知识	在不同的语境和简化的食品通道中，提供健康、方便的食品

故事分享（Storytelling）

工具介绍

故事分享可以帮助我们探索服务的理念。讲述者利用通俗易懂的语言，像说故事那样阐明解决方案。这种方法有助于小组内部成员的沟通，同时也为大家随后在故事板上绘制草图作准备。

进行故事分享时，可以留一些空白处给其他用户或利益相关者，让他们用填空的方式提出建议。

案例研究

RentAThing

开发人：迪蒂尔·希尔霍斯特（Didier Hilhorst）和戴夫·丘（Dave Chiu）

RentAThing 是一项名誉管理服务，通过解决风险问题来吸引用户，进而达成交易。该工具提供了有关交易双方名誉的额外信息，使得交易过程更顺畅。需要注意的是，它并不是简单地将诸多商家、服务或者个人之间互不相干的各种名誉储存起来，而是集中管理和开发统一的名誉等级。

设计师意识到给这些美丽的图片排序，可以描述可能的场景以及展示该服务究竟是如何运作的。他们发明了形状各异而且非常奇特的人物，将他们和百乐宝玩偶一起放置在现场。通过利用这种视觉语言，选择奇怪的人物形象和故事情节，以及开创一种颇具讽刺意味的陈述方式，简单有效地支持整个叙述，并且能够突出与他们的概念最相关的内容。

触点矩阵（Touchpoints Matrix）

工具介绍

触点矩阵融合了用户路径地图和系统地图的一些特征，并且可以基于角色来使用。其基本想法是提供视觉框架，使得设计师能够连接用户体验的点，以便在一项特定的产品服务体系中，发现不同的结构、界面、内容和交互结果。

矩阵的纵轴列举系统中不同的设备和内容，横轴列举系统本身支持的主要行为。一旦形成这种结构，设计师将把特定角色放入其中，通过不同的触点想象他的路径，将相关的点联系起来。

通过这种方式，矩阵可以让我们更深入地理解交互行为，鉴于系统中可能的接触点进一步发展，将设计活动的注意力转移到触发点上。

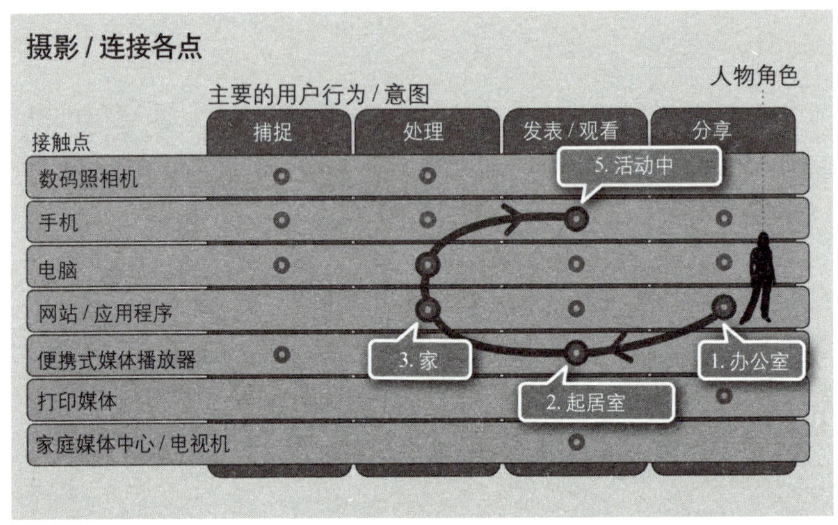

案例研究

摄影的触点矩阵

开发人：青蛙设计工作室（Frog Design），吉安路卡·布鲁尼奥利（Gianluca Brugnoli）

下图描述了摄影生态系统中一种可能存在的路径。

第一步先在纵轴上定义系统中不同的接触点，在横轴上定义系统支持的不同行为。并非所有的设备支持所有的功能，所以该图允许我们从不同触点的交互角度进行一个快速的视觉展示。在此之后，引入角色可以体现出图内的一些特定路径，并且让我们理解可能出现的用户场景。

这张图之所以高效，主要在于其以构建和阅读为特征的即时性。从视觉浏览的角度而言，它可以加以改善从而变得更丰富，进一步增加社交网络等其他信息源。

服务设计蓝图（Blue Print）

工具介绍

服务设计蓝图是一个描述整个服务交互过程的操作工具，它拥有充分的细节来验证、实现和维护整个服务。

它基于图形技术，直观地展示整个体验过程中客户可见的前台后台功能、所有的接触点、进程记录以及用户体验的一致性。

案例研究

临床服务设计

开发人：卡内基梅隆大学的研究人员梅丽莎·克莱夫（Melissa Cliver），雅明·赫格曼（Jamin Hegeman），李基范（Kipum Lee），琳恩·利伯特（Leanne Libert），卡拉·坦南特（Kara Tennant）

在参观了长老会神经诊所并对医护人员及病人做过访谈后，把就诊步骤通过服务蓝图描绘出来。

这幅图标记了病人和所有相关医护人员以及卡萨姆（Kassam）医生的工作流程。标记服务蓝图帮助团队找到就诊体验的症结所在，即混乱的后台进程，卡萨姆医生在系统中的绝对重要性，以及病患在等待期间缺乏关照等。

长老会神经诊所的蓝图

实证	前台	候诊室	前台	候诊室	前台	过道	诊断室	核磁共振成像和病例	诊断室	核磁共振成像和病例	门牌号	候诊室	出院办理室
病人的行为	挂号	等待	办理入院手续	等待	应答	前往诊断室	在诊断室等候	回答问题	等候	回答问题	归还门牌号	等待	办理出院手续、付费以及出院
互动线													
各阶段相应的前台联系人	欢迎	？	办理手续	？	呼叫病人	陪同病人前往诊断室	？	检查身体器官以及询问	？	见卡萨姆医生		？	办理手续以及出院
可视线													
各阶段相应的后台联系人	拿到病人填写的表格	观察其他病人		观察其他病人	给门牌号		观察其他病人	检查病患位置	将病人安排给卡萨姆医生		拿走病例	观察其他病人	
				拿回门牌号		将病例放在箱子里	从箱子里拿出病例		卡萨姆医生迅速浏览				
				工作人员拿走病例		写科室的安排表				检查病患位置	记录		
内部互动线													
支持流程	黛比的病历卡		记录／数据库系统		门牌号系统		病例箱系统	日程安排系统			病例储存系统		记录／数据库系统

用户体验历程图（Customer Journey Map）

工具介绍

用户体验历程图是一个导向性图表，通过展现用户与服务之间具有代表性的互动接触点，从而描述用户的体验历程。在这类可视化图表中，就像使用经典的服务蓝图工具那样，交互关系会被一步步地描述出来，并且会对其中某些方面有所偏重，例如信息的不确定性和具体设备的投入。同时，用户体验历程图有着比服务设计蓝图更高级的综合法：通过减少多余的信息和细节来简化呈现方式。

案例研究

为转录 OGT（牛津基因技术）服务触点作调查

三位接受 OGT 服务的顾客分别接受采访，发表各自在 OGT 服务互动中的感受。收集的信息被用来建立三份用户体验历程图，反映收集到的体验感受，强调了体验的重合点，并且针对竞争产品作了分析。

结构化的图形语言在陈述时优势非常明显，它使得服务体验可以在同样的结构和标准之下得到清晰的表述，同时增加了它们之间的可比性。

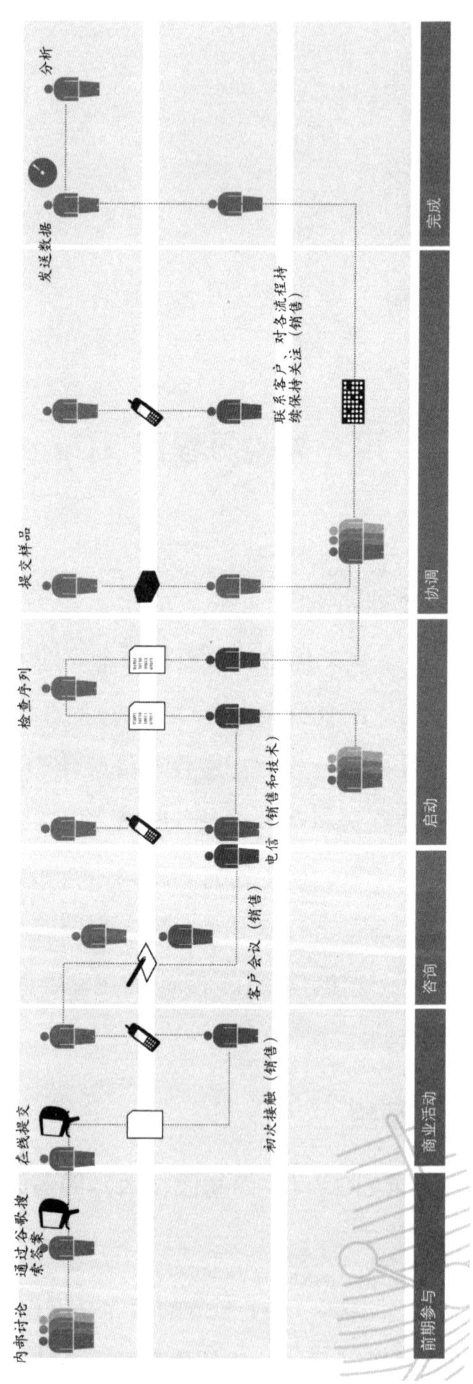

卖点创造工具六

明日头条（Tomorrow Headlines）

工具介绍

明日头条是指设计师通过将自己置身于未来，试图了解怎样的服务将对社会造成影响，从而想象出来的、刊登在杂志或期刊上的虚构文章。

明日头条促使设计师不断地问自己下列问题：服务将如何呈现给潜在用户？它又将引起什么样的反应？

明日头条还是一种将抽象的理念转化为可视信息的工具，从而使想法变得更具体更真实，让团队成员和利益相关者更容易获得同样的感受。

案例研究

设计一个内部网站

开发人：IDEO 设计公司

如图所示样本取自 IDEO 方法卡（IDEO Method Card），它展示了 IDEO 在设计一个供信息技术人员使用的内部网站时，如何利用明日头条这一工具提示客户，为当前和未来即将推出的服务确定清晰的商业目标。

明日头条的功能在于可以让组织预见未来的自己，看看他们有多想要发展和维持与客户之间的关系。这在产品或服务的开发过程中，非常有利于寻找到设计突破点。

情绪板（Mood Board）

工具介绍

情绪板是由图像和材料构成的视觉效果图，通过传递整体感受来营造一种氛围。情绪板可以启发服务中蕴藏的、难以用文字形容的某些价值。利用这种视觉化的陈述方式，团队内部就服务的感知达成了明确的共识。

案例研究

甜言蜜语

开发人：劳伦·凯莉（Lauren Currie）

为了应对邮政服务的使用人群日益减少的难题，甜言蜜语这项服务的解决方案能够促使人们给未来的自己写信：这是一项结合了美学、简洁性和传统的私人沟通方式的诗意服务。为了直观地描述该项目的氛围和情调，思考提供该服务的环境和带来的体验，学校用不同的图像和材料构建了各种情绪板。“这创造了一种无意识的、感性的，以及服务中难以用文字捕捉的无形价值。一些图像富有概念性，一些图像展示了大量细节，还有一些则充满寓意。”工具开发人劳伦·凯莉说。

乐高企管智慧玩具（LEGO Serious Play）

工具介绍

乐高企管智慧玩具是一个创新性的实践过程，目的在于激发出创新的解决方案。这个过程基于普通乐高玩具的使用，目的是在讨论新需求所处的框架和系统时，能够拓展和分享小组的想法。

这种手脑并用的学习方式帮助参与人员对世界产生更加深入、更加有意义的理解；更重要的一点是，在应用乐高企管智慧玩具的同时，还自然增加了反馈过程，有助于开展有效的对话。

案例研究

乐高实时网络

总部位于米兰的顾问公司 Trivioquadrivio 和提契诺大学的 NewMinE 实验室，基于乐高游戏为这一新方法引申出了新的概念。

直至 2008 年，已有的方法包括：乐高实时身份和乐高实时策略，前者支持着组织认证队列的概念，后者支持着可操作策略的认证，即项目必须落地。

Trivioquadrivio 和 NewMinE 实验室开发新方法的目的在于，利用乐高玩具语言的直接性，促进客户和设计师在网站应用项目开发的早期进行沟通。乐高实时网络可以让大家定义和分享与发展有关的设计目的、设计框架和应用所处的市场、潜在用户以及在开展中的每个人物的角色和功能。

设计游戏（Design Games）

工具介绍

在协同设计期间，做游戏可以让大家相互分享借鉴，从而融合不同的观点。游戏为所有参与者提供了一个共有的沟通平台。

与让设计团队对号入座，产生一些被大多数人认可的想法不同，游戏涉及的人员更多，参与度更高，获得启发的概率更大。通过游戏来阐述观点，有助于将深刻的道理转化为浅显易懂的常识。设计游戏要有亲近感，尤其要保证规则和表述语言简洁明了，这样才能让每个人都参与其中。

案例研究

大道模具制造公司（Avenue Mould Solutions）

大道模具制造公司是欧洲一家知名企业，专门生产精密医学模具。大道一直试图研发一款新型产品，而其伙伴设计公司对这个合作项目给予了支持，为其提供工具和技术。配备研究设施的游戏室，有助于工作人员更好地了解客户需求，从而提高服务质量。另外，各种工具也有利于扩展原型设计的思路并充分发挥团队的力量。一位参与者回忆道："建筑塔楼的游戏，尤其令人印象深刻。当时我们四个人在那儿，要将所有的瓶瓶罐罐放在一起，并且都知道该如何搭建。

曾经有那么一会儿，我停下来，观察伏案工作的其他人，德斯正忙于一件事，费利姆在做另一件事。我们本应该作为一个团队，相互协作，但事实是我们每个人对于该如何完成这项工作，都有不同的想法和独特的行为方式，大家都各干各的。我想大家也都注意到了这点。为了实现共同的目标，我们开始相互协作。"

角色扮演游戏（Role Play）

工具介绍

有些参与者、样本用户或设计师本人会进行高度虚拟化的服务体验。隐含的前提是他们要相信该服务确实存在，然后通过它的各种功能构建一个潜在的服务流程。在同一场景中进行多次表演，每次都要更换角色扮演者，进而理解不同的用户如何在相同的情况下表演，这样就有可能不断地完善这一工具。

案例研究

GO 项目

开发人：朱利奥·亚库奇(Giulio Iacucci)，卡利·库提(Kari Kuutti）和梅尔维·兰塔（Mervi Ranta）

GO 项目的目的是在赫尔辛基科技大学设立无线网络，以研究互联网未来的游牧用户的服务架构。用户和专家可以利用角色扮演游戏，天马行空地设计和演示新产品和服务。

研究主要从三个方面进行：不同群体之间的互动；互动期间，参与者的流动性；从工具、技术和环境方面，定义每个参与者的语境。参与者在设定的环境和角色中，想象怎样的服务才能够支持其流动性和沟通。

小组绘制草图（Group Sketching）

工具介绍

小组绘制草图是一种快速、便捷又经济的工具，在被用来开发产品的同时还能阐释想法。在协同设计期间，团队成员为了相互分享见解，常常会用到这个工具。即使参与者拥有不同的社会文化背景，草图还是能为大家提供一个共同讨论的基础。

它只需要参与者拥有简单的绘画能力，这能鼓励大家都参与其中。

案例研究

选民如何看待国会议员

一项有关英国公众对政治家和政府机构的信任度的调查表明，民众与政客之间的疏离程度非常高，尤其是对国会议员。设计委员会开发这个项目的目的在于，知道采取哪些行动可以帮助国会议员在各自选区重建英国的民主。经过观察后，国会议员发现自己必须深入选民，了解他们的需求，并且抓住时机作出改变。

在其中一个研讨会上，一群年轻选民被要求设计他们心目中完美的议员形象，并利用绘制草图的方法来交流思想和展示最终的方案。

问题卡片（Issue Cards）

工具介绍

问题卡片是团队内部用来引导和提供动态交互内容的、像图钉一样的实体工具。每张卡片可以包含一个观点、一张图片或者一段描述，可以是一切有助于开拓新思路或者引出不同观点的内容。问题卡片可以帮你辨识出参考环境中新的转折因素和机遇。卡片的内容要求简洁而多元，从而保证工具的可操作性。

案例分析

机场安检服务设计

开发人：卡内基梅隆大学的雅明·赫格曼（Jamin Hegeman）、李基范（Kipum Lee）和卡拉·坦南特（Kata Tennant）

本项目的设计初衷是构思一项服务使美国交通运输管理局（TSA）

的安检通道更加顺畅。确定了项目的主要设计原则后，团队针对每项原则提出一些概念性的想法。这些想法被记录在卡片上用来与 TSA 的人员分享。

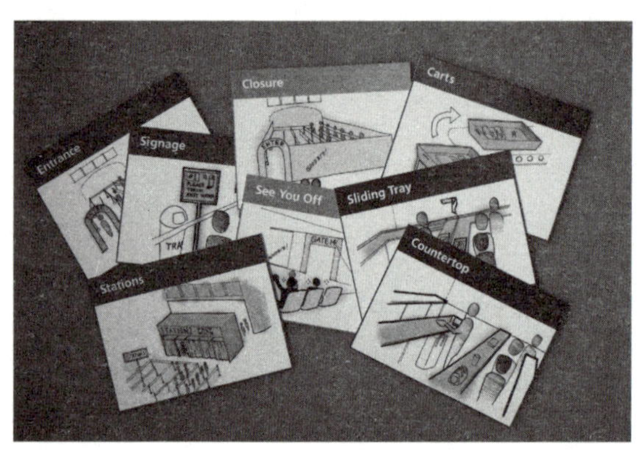

此外，TSA 还能借此互相分享，展开与这次体验相关的有意义的对话。每张卡片包含一个用草图和文字描述的概念，并且用颜色标记出相关的设计原则。

建设性互动（Constructive Interaction）

工具介绍

建设性互动是一种基于用户对服务体验的观察而得出的方法。在执行一个给定的任务时，用户被要求大声地说出此刻的感受，从而使得评估者能够倾听并记录他们的想法。

如果有两位用户同时参与互动，那么评估人员就能够获得用户在更加自然状态下的反应，以及更有效的结果。

案例研究

快乐邮递，改善老人家居体验

开发人：哥本哈根互动设计学院（Copenhagen Institute of Interaction Design），伊丽·迪克森（Eilidh Dickson）

快乐邮递是一个装置项目，它可以让老年人的朋友和家人通过短信和电子邮件轻松地联系每位老人。在我们对可行的解决方案进行了第一轮探索之后，一些想法脱颖而出，如何测试以及得到老人的反馈等一系列用户场景也已经设计完成。

这些测试借助一个简单的纸箱就可以完成。在设计师的帮助下，老人可以与设备进行互动，与此同时，设计师利用该测试记录下他们的想法和感受。

卖点创造工具十四

粗略建模（Rough Prototyping）

工具介绍

粗略建模是一种快速建模的方法，人们在特定的时间和空间下，利用一切可用的物品和材料建造模型。这些元素被用于模拟服务中的各个环节，从而便于设计者在其他团队成员面前更好地解释其想法。

这是一个有助于将观点可视化的工具，一种确保团队所有成员都在谈论同一件事的方法。此外，它也有助于设计过程变得更互动、更具体。

案例研究

智能街道项目

开发人：皇家艺术学院的学生与其导师温迪·马奇(Wendy March）和巴斯·瑞吉马克思（Bas Raijmakers)

要求学生开发与智能街道相关的方案和概念。在设计研究中，学生要积极地与街上的行人交流，将他们视为共同创造者，一起作研究、拓展思路、建模和测试。

学生发明了这个被称为“设计你的街道”的工具，让人们能够通过粗略建模的方式，将告士大道（Gloucester Road）的未来景象可视化。

中资海派出品

为精英阅读而努力

不卖“东西”只卖“体验”的“极致体验经营法则”

为何众多高端客户不去曼哈顿的顶级购物中心，反而频频光顾一家开在仅六万人口小镇普通地段的专卖店？因为他们在这里享受到了极致体验：

贴心的感动体验 为帮客户应急，米切尔专卖店的CEO竟脱下自己的外套借给他穿

细心的意外体验 首创“以消费者为核心”的存货系统，深入了解他们不买什么

用心的惊喜体验 熟记客户的尺码、喜爱的样式和颜色甚至宠物的名字

放心的安全体验 店铺关门后，客服开启三级呼叫转移直通CEO，实现“24小时着装急救”

[美] 杰克·米切尔 ◎著
张若涵 ◎译

四川人民出版社
定　价：35.00元

挣脱传统营销模式的红利娇宠，在平等、开放、互动中吸引用户追逐

传统推播营销的难题始终是事先无法预测、事后无法评估。崭新的集客行动营销针对这一点提出解决方案，让你轻松掌控营销和销售的结果，并确保每1美元的营销投入都能产生至少30美元的回报。

本书语言幽默风趣，包括了79个简便易学的低成本、高回报营销建议以及一套“21天集客行动营销实战演练”课程。

[美] 戴维·纽曼 ◎著
陈书 ◎译

四川人民出版社
定　价：38.00元

"iHappy 书友会"会员申请表

姓　名（以身份证为准）：＿＿＿＿＿＿＿；性　别：＿＿＿＿＿＿＿；

年　龄：＿＿＿＿＿＿＿；职　业：＿＿＿＿＿＿＿；

手机号码：＿＿＿＿＿＿＿；E-mail：＿＿＿＿＿＿＿；

邮寄地址：＿＿＿＿＿＿＿；邮政编码：＿＿＿＿＿＿＿；

微信账号：＿＿＿＿＿＿＿（选填）

请严格按上述格式将相关信息发邮件至中资海派"iHappy 书友会"会员服务部。

邮　箱：zzhpHYFW@126.com

微信联系方式：请扫描二维码或查找 zzhpszpublishing 关注"中资海派图书"

<table>
<tr><td rowspan="8">优
惠
订
购</td><td colspan="2">订阅人</td><td></td><td>部　门</td><td></td><td>单位名称</td><td></td></tr>
<tr><td colspan="2">地　址</td><td colspan="5"></td></tr>
<tr><td colspan="2">电　话</td><td colspan="3"></td><td>传　真</td><td></td></tr>
<tr><td colspan="2">电子邮箱</td><td>公司网址</td><td></td><td>邮　编</td><td colspan="2"></td></tr>
<tr><td>订购书目</td><td colspan="6"></td></tr>
<tr><td rowspan="2">付款方式</td><td>邮局汇款</td><td colspan="5">中资海派商务管理（深圳）有限公司
中国深圳银湖路中国脑库 A 栋四楼　　邮编：518029</td></tr>
<tr><td>银行电汇或转账</td><td colspan="5">户　名：中资海派商务管理(深圳)有限公司
开户行：招行深圳科苑支行
账　号：81 5781 4257 1000 1
交行太平洋卡户名：桂林　　卡号：6014 2836 3110 4770 8</td></tr>
<tr><td>附注</td><td colspan="6">1. 请将订阅单连同汇款单影印件传真或邮寄，以凭办理。
2. 订阅单请用正楷填写清楚，以便以最快方式送达。
3. 咨询热线：0755-25970306转158、168　传　真：0755-25970309
E-mail: szmiss@126.com</td></tr>
</table>

→利用本订购单订购一律享受九折特价优惠。

→团购 30 本以上八五折优惠。